メディアに引っ張りだこ！プロの証券会社も認める
実力重視の株式評論家が語る

＼はじめての／
資産運用

著：坂本慎太郎（Ｂコミ）

ビーパブリッシング

はじめに

皆さん初めまして。

こころトレード研究所、所長のＢコミと申します。

本書を手に取っていただいたということは、「資産運用」という
キーワードに興味がある、もしくは投資をやり始めたけど、いまい
ちうまく成果を出せていないという方が多いのではないでしょう
か。

２０２０年は金融業界にとって非常に印象的な年になりました。
３月には新型コロナウイルスの感染流行によって「コロナショッ
ク」と呼ばれるほど、世界的に株価が下降しました。一方で、そ
こから１２月現在までに日経平均はバブル崩壊後最高値となる
２７０００円台まで上昇するなど、相場全体で下降と上昇が極端な
１年でした。

こうした２０２０年後半以降の上昇に伴って、「株が儲かる」と
いう認識が広まったことで株式投資をやり始める人が増加し、一部
の証券会社では新規の証券口座開設を一時ストップするという事態
になったこともありました。

直近ではこうした動きがありましたが、一方で、基本的に日本人
は貯金が大好きです。

日本銀行が発表している金融資金循環統計（２０２０年９月速報
値）によれば、個人（家計）の金融資産の総額１８８３兆円に対し
て、現金・預金が１０３１兆円（５４・７％）であり、資産の５割

以上が現金として置かれているのです。

　これは災害大国という特性や、昔の銀行預金の金利が高かったことなどが関係していると予想できますし、別に「貯金が悪だ」と言いたいわけではありません。

　ただ、現実的に考えると、資産を銀行に預けても金利は通常０.００２％と、雀の涙ほどしかありません。また、平均給与はリーマンショック以降徐々に増加していましたが、２０１９年にはピークアウトしていて、１９９０年代の水準には遠く及びませんし、社会保障費の個人負担は年々増加しています。そうした背景の中で、給与収入をそのまま預金に回して老後資金を賄うという、旧来の資産運用のやりかたは、もはや「ジリ貧」だと言えます。

　とはいえ、読者の皆さんもこうした状況についてはご存じだと思いますし、だからこそ投資や資産運用に興味を持ち、本書を手に取っていることでしょう。

　しかし、いざ投資するとなると「どんな商品を選べばいいのか？」「どんな割合で運用していけばいいのか？」といった部分がハードルとなって、なかなか一歩を踏み出せないという気持ちも大変理解できます。

　そこで本書では、そうした資産運用の初めの一歩を踏み出すための方法を、皆さんにお伝えしていければと考えています。

坂本慎太郎

投資の本質は「株価の動きのメカニズム」です

　ひとことに投資といっても、投資手法や投資商品は多岐にわたります。国内株式だけ見ても短期投資や中長期に分かれますし、不動産、FX、仮想通貨など、「投資」と聞いて思い浮かぶものはたくさんあるはずです。

　私は株式投資の評論家として活動していますが、別にFXが投機だとか、仮想通貨がギャンブルだとか言いたいわけではありません。ギャンブルという言葉を使うなら、株式も預金も全てギャンブルです。リスクがゼロじゃないという意味では、人生すらギャンブルなのですから。

　株式投資に関しても、中長期投資とデイトレなどの短期投資を組み合わせるのが良いと思っていますし、私自身、不動産投資や事業への投資も積極的に行っていて、仮想通貨も少しは持っています。

　ただ、本書のテーマである「資産運用」という切り口で考えるのであれば、やはり「リスクをできるだけ排除した国内株式の中長期投資」が一番堅実だと思いますし、不動産投資をやろうが、株式の短期売買をやろうが、ポートフォリオのどこかに株式の中長期保有も入れてほしいなと思っています。

　そして、そういった本質的な手法だからこそ、銘柄を選ぶ際にも、株式投資の本質を押さえて投資を行ってほしいです。

　株式投資の本質、それは「株価の動きのメカニズム」です。

　先にも述べたように、投資手法にはいろいろありますが、私が声を大にして言いたいのは「自分で納得できる投資をしよう」ということです。

誰かに教わった方法を実践してうまくいっても、手法の根拠や再現性が理解できないと、漠然とした不安が付きまといます。いつまで経っても精神的な安定が得られないのです。

　派手な方法論に飛びつくのではなく、株価が「いつ」「なぜ」「どうやって」上がるのか、あるいは下がるのか、その株価の動きのメカニズムを理解することこそが、長く稼ぎ続けられる投資家として生きていくための第一歩なのです。ぜひ、心に留めておいてください。

　そして、本心からそう思っているからこそ、本書出版時点で、この投資の本質を学ぶことができる無料オンライン講座を開講しています。その名も「株価の動きのメカニズム」分析講座です。はっきり言って自信があります。

　もし、あなたが100年勝ち続ける投資家になるための「本質的な投資手法」を身につけたいのであれば、ぜひこの講座を受講してみてくださいね。

　また、本講座は予告なく終了することがあります。ページにアクセスできなくなっていたら、終了したということですのでご了承くださいね。

「株価の動きのメカニズム」
分析講座
無料申込みはこちら

目次

はじめに ……………………………………………………………………………… 002

1章
今すぐ資産運用を始めよう!! ……………………………………………013

1 老後に不足する「2000万円問題」を目標にする ………………………… 014
　年金だけでは老後資金を賄えない そのために、資産運用を始めよう … 014
　そもそも「老後2000万円問題」とはなんだったのか? ………………………… 019

2 自分で考えて投資することが重要 ………………………………………… 022
　「1円でも多く資産を増やしたい」はNG ……………………………………… 022
　長期投資で資産運用していく ………………………………………………… 024
　世間では「これを買っておけばOK」と言われる金融商品も多い ……… 026
　他人に委ねる投資は「経験値」が蓄積されない ………………………… 028

2章
資産運用の「正解」を教えます ……………………………………031

1 「ドルコスト平均法」と「複利」を使って資産を積み上げる ……………… 032
　時間を味方につけてゆっくりと資産を増やす ……………………………… 032
　まずは「複利」の考え方を理解しよう ………………………………………… 033

自分の年齢から老後までに取れる投資期間を逆算してみる ……………035
長期投資なら厳しい場所で勝負しなくて済む …………………………038

2 インカムゲイン狙いで安定した運用を目指す …………………………039
キャピタルゲインを継続的に出し続けるのは難易度が高い …………039
インカムゲインで最低年利2%を確保しつつ5%を目標とする …………041

3 資産を分散して運用することで「トータルで勝つ」ポートフォリオが組める … 042
インカムゲイン中心でも価格変動はある程度注意しておく …………042

3章
運用する商品は「利回り」を重視して選ぶ ……047

1 銀行預金に利回りはつかないが「安全資産」としては有用 ………………048
銀行預金でつく金利もインカムゲインの一つだが ……………………048
年5%の金利が付いた時代もあったが今は「運用」とは言えない ………049

2 株式は「高配当銘柄」+「内需」中心に選ぶことで、
安定したインカムゲインを得られる …………………………………… 051
株主優待も「利回り」としてカウントできる …………………………… 051
配当の「利回り」を中心に考える ………………………………………052
配当利回りランキングは信用しない …………………………………056
基本は「低PBR株」「低PER株」の中から高配当銘柄を選ぶ …………060
構成銘柄は「内需株中心」かつ「セクターの偏り」を避けよう …………060

外国株式も同様に配当狙い …………………………………………………… 061

株を買いたいのに、1単元が高すぎる場合は「ミニ株」を利用する …… 063

3 債券は「資産運用の王様」

でも、運用を始めるタイミングには注意が必要………………………… 064

満期まで保有すれば、元本＋利子がもらえる …………………………… 064

本来、債券は長期投資に最も向いている金融商品だが …………… 066

信用と利回りの関係性 ………………………………………………………… 069

4 REIT（リート）は利回り狙いの運用であれば

必ずポートフォリオに入れておきたい………………………………………… 071

不動産投資のいいとこどりができる REIT………………………………… 071

REITには3つの運用スタイルがある………………………………………… 075

相場下落時には積み立てではなく、まとまった資金を入れるのもアリ … 077

5 インフラファンドは「高利回り」かつ「値動きの安定性」に注目 ………… 079

インフラファンドはREITのエネルギー施設版 ………………………………… 079

インフラファンドは値動きが安定しやすい…………………………………… 081

4章
逆ピラミッド型ポートフォリオで
安定した運用を目指す ················· 083

1　人によって最適なポートフォリオは異なる ······························ 084
　　「軸」になる考え方を教えます　 ······································· 084
　　「万人に最適なポートフォリオ」はありえない　 ························ 086

2　資金量が少ない時にはリスクを取り
　　資金量が大きくなればリスクを抑える　 ······························ 087
　　「リスクの逆ピラミッド」で積み上げ　 ································· 087
　　「仕組み」で縛ることで大損しない環境を作る························· 089
　　リスクが低くなるごとに資産配分を大きくしていく····················· 090
　　「ヘッジ」はかけなくていい ··· 092
　　「自分なりの運用の向き合い方」を確立する　 ························ 094

3　「どんな構成で組むか」も重要だが、ただ組めばいいという話でもない ··· 095
　　相場の変化に応じてポートフォリオを調整し運用する····················· 095
　　「考えない」資産運用はありえない　 ································· 097

5章
タイプ別ポートフォリオを
Bコミがアドバイスします ························ 099

ポートフォリオの組み方を6つのタイプ別に解説します ···················· 100

基礎から一歩踏み出せるようにアドバイスします ························· 100

全て「65歳時点で2000万円達成」が最終目標 ························· 101

タイプ1　Aさん（28歳女性　契約社員　配偶者なし） ··············· 102

タイプ2　Bさん（33歳男性　会社員　配偶者あり）··················· 104

タイプ3　Cさん（41歳男性　会社員　配偶者なし）··················· 106

タイプ4　Dさん（44歳女性　大学非常勤講師　配偶者あり）········· 108

タイプ5　Eさん（48歳男性　会社員　配偶者あり）··················· 110

タイプ6　Fさん（59歳男性　会社員　配偶者あり）··················· 112

ポートフォリオについてのまとめ ································· 114

6章
目的に合わせた
様々な商品や対策 ……………………………………… 115

1 日本円の現金を違う形にして資産運用する ……………………… 116
　「お金」を「モノ」に換える資産運用 ……………………………… 116
　30年間値下がりなし!投資商品としての「アンティークコイン」 ………… 117
　為替の変動を利益に変える「外貨預金」 ………………………… 119

2 節税効果も期待できる資産運用法 …………………………… 121
　不動産投資には意外なメリットも ……………………………… 121
　収益安定性が魅力の太陽光発電投資 ………………………… 124
　シイタケがお金を生む「コンテナファーム投資」 ……………… 126
　全額経費化で節税しながらゴルフシミュレーターに投資する ………… 127
　高額なマシンも即時償却可能なマイニング投資 ………………… 129

3 少ない自己資金で実業に投資 ………………………………… 131
　インバウンド復活に期待　外貨両替機ビジネス ……………… 131
　人気上昇中のトレーラーホテルに投資する ……………………… 133
　簡単に飲食店を開業できる「ゴーストセントラルキッチン」 ……………… 134

4 相続対策をして資産を守る ……………………………… 136
　死は唐突にやってくる　生前の相続対策の重要性 ………………… 136

5 保険を見直して資産を守る ……………………………………… 141
　ライフアクシデント対策には適切な保険を選ぼう ………………… 141
　ある程度の資産がある人には「米国生命保険」もオススメ ………… 145

7章
迷ったときはココ!
商品別お薦めの相談窓口 ……………… 149

1 坂本(Bコミ)が薦める新しい保険の選び方「FPマッチング・サービス」… 150
　資産運用と同じく、保険も専門家に相談しよう ………………… 150
　本書の読者限定で「読者優待・FP相談サービス」をご用意 ………… 153

2 資産や状況に合わせて適切なアドバイスを貰える
　資産運用コンシェルジュ ……………………………………… 156
　相談者それぞれの状況に合わせてアドバイス ………………………… 156

おわりに ……………………………………………………… 158

1章

いますぐ資産運用を
はじめよう!!

老後に不足する「2000万円問題」を目標にする

> **年金だけでは老後資金を賄えない**
> **そのために、資産運用を始めよう**

本書の読者のみなさんに、まずお伝えしたいことがあります。
「今すぐ資産運用をはじめてください！」

いきなり語気が強くなってしまって申し訳ありません。ただ、読者の皆さんの中には、なんとなく「資産運用ってどんなものだろう、興味があるな」「具体的なやり方を知りたい」と考えて、本書を手に取っていただいた方がほとんどだと思います。

要は資産運用について一歩踏み出したい気持ちがありつつ、そのきっかけを探している状態でしょう。

であれば、迷うことはありません。今がその時です。

なぜ、私がこのように強く資産運用をお勧めするのかというと、今後、資産運用など適切な対応を取らない場合、ほとんどの人が**「年金だけでは食べていけない」**という現実があるからです。

本書の読者の年代は様々だと思いますが、現在３０代や５０代の方でも、いずれ６５歳で定年を迎えることになり年金生活が始まります。その際の生活資金について年金だけをあてにすると、最低限

の生活水準は保てるかもしれませんが、余裕を持った老後生活はかなり難しくなるのです。

　このように言うと「ちょっと待ってくれ、今までさんざん保険料を払ってきたんだし、自分はしっかり年金をもらえるから関係ないか」と思う人もいるかもしれません。

　しかし、はっきり言っておきましょう。そう考えているあなたこそ、関係のある話なのです。

　これは、特に根拠なく、私が皆さんを怖がらせたいとか、そういう意図でお話しているわけでは全くありません。

　皆さんは「老後資金2000万円問題」という話題を覚えていますでしょうか?

　最近はコロナ禍ということもあり、メディアでは一切でてきませんが、2019年にこの問題が取り沙汰された際には、大きな話題になりました。

　先程からお伝えしている「資産運用すべき」という私の主張の根幹は、この「老後資金2000万円問題」にあります。

　この問題をシンプルに考えると、要点は

> 「日本人は長生きするようになった」
> 「年金生活者夫婦の月々の平均収支は約5万円の赤字。
> 95歳まで生きると2000万円が不足する」

の2つです。

　いうなれば、国が公に
「皆さんの老後生活は年金だけでは賄えないので、今から資産運用

をしておいてくださいね」
とアナウンスしたのが「老後資金2000万円問題」だったのです。

　もちろん、この発表はあくまで統計データを根拠としたものなので、必ず国民全員が2000万円足りなくなるというわけではありません。
　ただし、**平均寿命を考えると本書の読者の皆さんの多くは80代まで生きる可能性が高いです。**その際、年金だけをあてにした生活では、2000万円と言わずとも、確実に生活資金が不足することになります。
　生活水準を落とすことで、もしかしたらこの問題をクリアできるかもしれません。ただ、誰だって余裕のある老後生活は送りたいですし、年を取ってからお金のことで困るということは避けたいはずです。

　とはいえ、いきなり2000万円という大金を用意できる人は少ないでしょう。だからこそ、**本書に興味を持っていただいた、今この時点から資産運用をはじめ、少しづつ積み立てていけばよいのです。**

　本書は「今日から資産運用を始めたい」と考えている方に向けて書いたものです。終わりまで読んでいただければ、資産運用の考え方から、実際のポートフォリオの組み方まで、基礎的な部分を学べるようになっています。

　資産運用は、基本的な考え方さえ学べば、投資経験の有無を問わず、誰でも取り組めるものです。また、**大事な老後資金なのですから、「減らさない」**ことも重要です。その辺もきっちりと押さえた

やり方を解説をしているので、是非、あなた自身の資産運用に役立ててください。

　しかし、そうはいっても、「本当に本を読むだけでしっかりした金融商品を選びつつ、資産運用できるのだろうか……」と不安になる人も多いと思います。

　実際に資産運用に踏み出していない状態では、どんな金融商品を選んで、どのような配分で運用していけばいいのか、その指針が見えて来ないでしょうし、「失敗してお金を失ってしまったらどうしよう」という不安が付きまといます。

　でも、大丈夫です。
　先に結論をお伝えしておきましょう。次のページの図を見てください。
　これは読者の皆さんに向けて、最終的に実践していただきたいポートフォリオ（資産の構成のこと）の例です。
　中に記載してある金融商品の選び方など、詳細については後述しますが、このような**「逆ピラミッド型」**の運用を行うことで、１００％とは言いませんが、**資産を大きく減らすことなく、年間２〜５％の利回りを出しながら、誰でも着実に資産運用ができるようになります。**

　まずは、この**「逆ピラミッド型ポートフォリオで運用できるようになる」**を目標として、本書を読み進めてください。

逆ピラミッド型運用の具体例

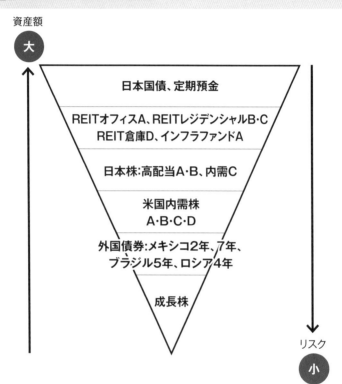

資産額 **大**

日本国債、定期預金

REITオフィスA、REITレジデンシャルB・C
REIT倉庫D、インフラファンドA

日本株:高配当A・B、内需C

米国内需株
A・B・C・D

外国債券:メキシコ2年、7年、
ブラジル5年、ロシア4年

成長株

リスク **小**

そもそも「老後2000万円問題」とは なんだったのか？

　先程簡単に「老後2000万円問題」について触れましたが、この問題が話題になって以降、少しキーワードとして独り歩きしている状況もあるため、前後関係を整理していきましょう。

　そもそも「老後2000万円問題」は、金融庁が2019年6月に提出した「金融審議会　市場ワーキング・グループ報告書」（https://www.fsa.go.jp/singi/singi_kinyu/tosin/20190603/01.pdf）が発端となって話題になりました。

　もともとは**「高齢社会における金融サービスのあり方」**や**「国民の安定的な資産運用」**などのテーマを中心に検討・審議を行うための資料として作成されたものです。

　ただ、報告書内の記載を、「年金が不十分ではないか？」という取り上げ方をして、変な方向に話題となったのです。

　当時、マスコミの批判こそズレたものが多かったですが、この資料に記載されている情報は真剣に向き合うべきもので、要点としては2つあります。

　まず、年金世帯の家計収支が、夫65歳以上、妻60歳以上の夫婦でどちらも無職のモデルケースでは、毎月の年金受給額が約21万円、対して支出が26万円であるため、毎月5万円の赤字が発生し、これを貯蓄から取り崩していく必要があります。

　65歳時点における夫婦世帯の平均保有状況は、2252万円なので、定年から20年で約1300万円、30年（夫95歳、妻90歳）で2000万円の取り崩しが必要という計算です。

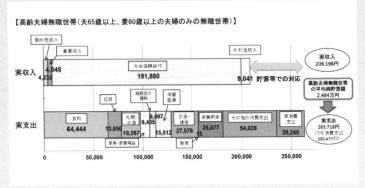

【高齢夫婦無職世帯（夫65歳以上、妻60歳以上の夫婦のみの無職世帯）】

出所:総務省「家計調査」2017年

　また、厚生労働省の資料によると、２０１７年時点の平均寿命は**女性８７・３歳、男性８１・１歳**（１９４７年時点で６１・５歳、５８・０歳）となっており、**日本人はわずか６０年間で男女それぞれ２０歳以上長生きするようになったのです。**

　この２点を踏まえると、「**今後、多くの人が１３００万円〜２０００万円程度の取り崩しが必要になる可能性が高いので、その備えはしておきましょう**」「**そのためにも資産寿命をのばしましょう**」ということが、老後２０００万円問題の本質的な部分です。

　確かに変な切り取られ方はしましたが、この問題をきっかけに、国民が自分自身の老後資産について真剣に考えるようになったのも事実で、これは２０２０年の株式相場の上昇にも一役買っています。

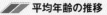

平均年齢の推移

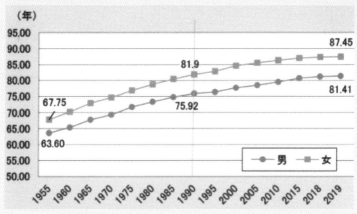

出所　厚生労働省「令和元年簡易生命表」

　延々と老後2000万円問題の話をしているわけにもいかないので、この話題はここで切るとします。

　要は「65歳時点で2000万円を用意する」「年金生活で取り崩すだけではなく、余裕のある生活ができるように資産を運用する」を目標としましょう、という話です。

1

老後に不足する「2000万円問題」を目標にする

自分で考えて投資することが重要

「1円でも多く資産を増やしたい」はNG

「あなたは今後、どれくらい資産を増やしたいと考えていますか?」

　私は仕事柄、証券会社が主催するセミナーに出させていただくことが多く、参加者にいつもこの質問をします。すると、どんな場所に行っても高確率で、

「1円でも多く資産を増やしたいです」という返事をされます。

　確かに自分のお金を大なり小なりリスクにさらすわけですから、できれば1円でも損はしたくないし、かつ利益は多ければ多いのが理想的です。

　一方で、続く質問として「ではどうやって資産を増やしていくのですか?」と聞くと、具体的なやり方についてはノープランというケースがほとんどでしょう(そのやり方を知りたいからセミナーに参加しているんだ、と言われれば確かにそうなのですが……)。

　そうした答えがあった時にはいつも**「まず、いつまでにいくら資産を増やしたいのかを定めましょう」**とお伝えしています。

　資産運用には商品の選び方や資産のバランスなどももちろん大切

なのですが、それ以上にまず、**具体的な目標を定めることが重要な のです。目標が決まれば、それを達成するための手法や取るべきリ スク、選択する商品などをすべて逆算することができます。**

▰▰▰ 目標設定

┌──┐
　「いつまでに」「いくら増やしたいのか」を先に考える
└──┘

例1 **65歳までに2000万円**

➡　年利5%を目標に配当狙いで積み立てて資産運用

例2 **10年後までに資産1億円を達成**

➡　割安銘柄を中心にリスクをとったキャピタルゲイン狙いの運用

例3 **5年後の退職までに今ある資産を減らさず少しづつ増やしたい**

➡　債券など変動リスクの少ない商品に積み立て

┌──┐
　このように、目標が決まっていれば、運用の方法、選ぶ
　べき商品は逆算で決まる
└──┘

　本来、目標設定については個人の属性や保有している金融資産の 額によって全く異なってきます。ただ、幸いなことに、本書では、 先ほどお伝えしたように「老後に必要な2000万円を作りたい」

という目標があるので、それをベースにして、資産運用のやり方を解説していきます。

長期投資で資産運用していく

さて、目標が決まったところで、次は「方法」について考えていきましょう。

具体的な金融商品の選び方や、それぞれの商品の特徴など、詳しい部分は2章以降で解説していくので、ここでは基本的な部分をお伝えしていきます。

まず、皆さんは「投資」や「資産運用」に関してどのようなイメージを持っているでしょうか?

よく、株投資やFXなどで想像しやすいのは、室内に複数のモニターを設置して時には秒単位の売買を繰り返すような、いわゆる「デイトレーダー」ですが、**こうしたトレードのやり方は「投機(タイミングにお金を投じる)」と呼ばれる方法です。**そもそもこのようなやり方は、株式の売買であれば市場が開いている9時〜15時までPC画面に張り付く必要があります。

読者の皆さんは本業を持っている方がほとんどでしょうし、**時間的制約がある中、専業トレーダーが大多数というような場所で利益を出すのは非常にハードルが高いです。**

///// **デイトレーダー　イメージ**

株で専業のデイトレーダーとなる場合、少なくとも市場が開いている午前9時〜11時30分、12時30分〜15時まではPC画面に張り付かないと不利になる

→本業がある人にとっては、そもそもこうしたやり方は無理がある

　そのため、投資＝デイトレーダーのようなイメージをしている場合は、根本的な部分で発想を切り替えてください。

　本書で解説する資産運用の方法は、老後に必要な資金を目標にしています。したがって「３０代の人は老後までの３０年、４０台の人は２０年」という長いスパンで資産をどのように増やしていくのか（＝長期投資）というスタンスがベースになります。

世間では「これを買っておけばOK」と 言われる金融商品も多い

　一方で、長期投資を行う際に「どんな商品を買って、どのように運用していけばいいのかわからない」という思いを抱える人も多いですし、ここがハードルになって一歩踏み出せないという話もよく耳にします。

　そうした悩みに付け込んで、世間では**「この商品を買っておけば大丈夫ですよ」といった営業を行う金融関係者も多くいます。**

　例えば銀行の窓口で投資信託や債券の営業をされたり、無料相談所でFP（ファイナンシャルプランナー）に運用型の生命保険を勧められた、というような経験をしたことがある人も多いでしょう。

　もちろん、こうした営業経由で購入する金融商品が、すべて悪いものであるというわけではありません。ただ、個人的な見解として、**彼らはそうした商品を顧客に買ってもらうことによってインセンティブが発生する、という構造は理解しておく必要があります。**

　仮に勧められた商品が顧客にとって利益のあるものであればまだマシですが、基本的には顧客に必要ないものや金融商品としてメリットの低いものを勧められることが多いのです。

　余談ですが、**もしFPに相談したい場合は、無料のところではなく、自分でお金を払って相談できるFPを探すべきです。**彼らは保険会社等のインセンティブと関係がないことが多いので、本当に必要なプランを提案してくれる可能性が高いのです。

　ただ、悪質な業者は避けるとしても「どんな商品を選べばいいのかがわからない」という懸念は残るわけで、「これを買っておけば

いい」という金融商品はいつの時代でも需要があります。例えば投資信託は色々な金融商品を一つのパッケージにしたもので、「国内株式　配当重視」のような投資信託であれば、国内の株式のうち、運用しているファンドの方針に沿って選ばれた比較的配当の高い複数の銘柄に同時に投資できます。

　自分で個別の銘柄の業績などを調べる必要がありませんし、自動的に分散投資ができるので、何を買ったらいいかわからない人にとってみれば理想的な金融商品です。

投資信託

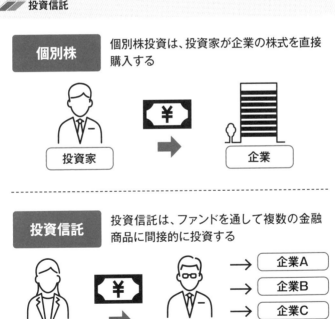

個別株　個別株投資は、投資家が企業の株式を直接購入する

投資家　→　¥　→　企業

投資信託　投資信託は、ファンドを通して複数の金融商品に間接的に投資する

投資家　→　¥　→　ファンド　→　企業A / 企業B / 企業C / 債券A

また、最近では AI が自動で資産を運用してくれる「ロボアドバイザー」も利用者数が年々増加しています。投資家それぞれの特性（取りたいリスクの大小など）に沿って世界中の金融商品を組み合わせて分散投資ができますし、運用にかかる手数料も比較的安いというメリットもあります。

他人に委ねる投資は 「経験値」が蓄積されない

　結局、これらの商品「だけ」で資産運用していくのも一つの手ではあります。誰だって、難しいことは考えずに資産が増えればそれに越したことはないですよね？　ロボアドバイザーの話などは「便利な時代になったな」と思いますし、私も投資信託をポートフォリオに組み込むこともあるので、こうした商品を否定したいわけでは

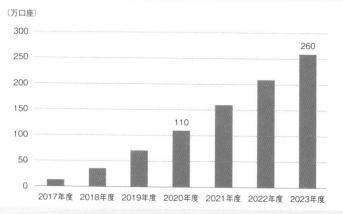

◢◢◢ **ロボアドバイザーの利用者数推移**

（万口座）

260

110

2017年度　2018年度　2019年度　2020年度　2021年度　2022年度　2023年度

出所:日本能率協会総合研究所

ありません。

　ただ、**投資や資産運用の本質的な部分を考えたとき、これらの商品だけで資産運用するのはおすすめしません。**

　上記の商品は、つまるところ投資する人に「**考えなくてもいい**」ように設計されたものですが、見方を変えると、他人（投資信託であればファンドマネージャー、ロボアドバイザーであれば AI の設計者）に「私のお金を預けるので、うまいこと増やしてください」とやっているようなものです。

　利益が永遠に出続ければいいですが、問題は損失が出たときです。**商品選択や売買等の投資判断をすべて他人に委ねているわけですから、自分の資産が目減りしてもその理由がわかりません。**

　私は常々、投資家としての成長は経験の蓄積にあると考えています。経験とは利益が出た取引、損失が出た取引の両方に当てはまります。

　例えばウィズコロナの時代に向け、今後成長しそうな銘柄に目を付け投資し、それが損切りで終わったとします。結果的に見ると単なる損失ではありますが、事前にファンダメンタル等を分析し、**自分なりに「現状が〇〇だから、将来的には上昇する」と判断したうえでの投資であれば、損失が出た場合でもその理由が明確になります。**

　失敗した理由がしっかりと分析できていれば、PDCA を回して同じような状況になった時に活かすことができます。こうした蓄積が投資家としての成長につながっていくのです。

2

自分で考えて投資することが重要

Plan
計画を練る
今後伸びそうな銘柄を分析

PDCA
サイクル

Do
実行する
運用してみる

Act
改善する
失敗を少なく・成功を多くできるようにやり方を改善する

Check
検証する
失敗・成功の原因を探る

自分で選んだ商品では、このようにPDCAサイクルを回して経験値を貯めるやり方を行いやすいが、投資信託などでは難しい

だからこそ、損失や利益が出たときに、その理由を説明できるようするにことがとても重要だと考えていて、他人に売買判断を任せる投資は間違っているのです。**自分で買う商品を選び、自分で売買するタイミングを判断できて初めて資産運用のスタート地点に立てるのです。**

具体的な投資法などの「知識」ももちろん大切ですが、大前提として**「投資とは自分で考えて行うもの」**という意識を理解して、そこから行動に移していってください。

2章
資産運用の「正解」を教えます

「ドルコスト平均法」と「複利」を使って資産を積み上げる

時間を味方につけて ゆっくりと資産を増やす

　さて、ここからは資産運用の具体的なやり方について解説していきます。1章で老後に必要な2000万円という目標を立てましたが、これを達成するにあたって**皆さんには幸いなことに「時間」があります。**

　極端な話ですが、例えば目標を「今から1年後までに資産2000万円を達成する」としたとき、単純に貯金する場合は月に約167万円が必要です。

　また、投資などで増やすとしても、仮に元手が100万円あったとして週に10％のリターンが必要です。

　週に10％というと初週は10万円の利益が必要です。絶対に達成不可能な金額ではありませんが、仮に勝率が50％としてもよほど運に恵まれていないと達成するのは難しいです（その前にほとんどの人が退場します）。

　「目標が設定できれば、手法は逆算で決まる」とお伝えしたのはまさにこのことで、**目標を達成するまでの期間が長く取れればとれる**

ほど、損失リスクを下げつつ、ゆっくりと資産を増やすという手法を取ることができるのです。

　では、具体的にどのように増やしていくかというと、キーワードとしては以下の3つです。

① **年利2％を目標にドルコスト平均法で積み立て、複利で増やす**
② **インカムゲインを狙える商品だけに絞る**
③ **ポートフォリオを組む**

まずは「複利」の考え方を理解しよう

　①から順番に説明していきます。**長期投資という選択ができる場合、資産を積み立てて「複利」の力を借りるのが最も効率が良いです。**

　資産運用のやり方には**「単利」**と**「複利」**の2つがあり、単利は当初の元本に対して利息が付く仕組みで、**複利は前年の利息＋当年の元本に対して利息が付く運用のやり方です。**次のページの図を見てください。当初の利息の額は単利と複利で同じであっても、単利は1年目と5年目で利息の額が同じですが、年数が経過するごとに複利の方が利息の額が増えていきます。

　「年に2％の利回り」というと、100万円の元手であれば1年後に102万円になるような運用です。一見物足りないように感じると思いますが、投資できる期間が長ければ長いほど複利の力を活かすことができますし、十分な目標設定だと考えています。

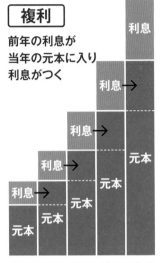

また、運用は**「ドルコスト平均法」**を使います。ドルコスト平均法は「定額購入法」とも呼ばれていて、金融商品を購入する際に資産を「均等な額に分割」して「定期的」に投資するやり方です。

右の図のように、ドルコスト平均法を使って毎月2万円づつ積み立てた場合、毎月買える量の上限が決まっているので、運用する商品の価格が高い時には買える量が少なく、価格が下落した際には多く買うことになります。これが平均購入単価を「ならす」ことにつながります。

ドルコスト平均法を使って定期的に購入することで、「時間」が分散されるため、一時的な値下がりに強いのが特徴です。

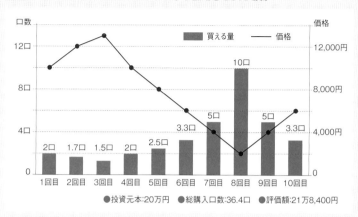

毎月2万円ずつ買い、以下のような値動きをした場合

●投資元本:20万円　●総購入口数:36.4口　●評価額:21万8,400円

自分の年齢から老後までに取れる
投資期間を逆算してみる

　具体的にドルコスト平均法＋複利を使った運用を行った場合、「65歳までに2000万円」という目標を達成するためのシミュレーションをしてみましょう。ここでは楽天証券の「積立かんたんシミュレーション（https://www.rakuten-sec.co.jp/web/fund/saving/simulation/）」というサービスを使っています。

　例えば年齢が30歳の場合、65歳までに35年の期間を取れるので、年利2％＋複利方式で運用すると毎月の積み立て額は約3.3万円となります。運用で増えた金額は約617万円です。

　40歳の投資期間25年で計算してみましょう。この場合、毎月必要な投資金額は約5.1万円で、約457万円が運用収益となります。

シミュレーション①

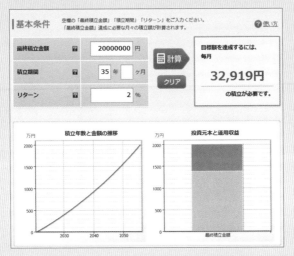

基本条件 空欄の「最終積立金額」「積立期間」「リターン」をご入力ください。
「最終積立金額」達成に必要な月々の積立額が計算されます。 ❓使い方

最終積立金額	❓	20000000 円
積立期間	❓	35 年 ケ月
リターン	❓	2 %

目標額を達成するには、
毎月
32,919円
の積立が必要です。

積立年数と金額の推移 投資元本と運用収益

シミュレーション②

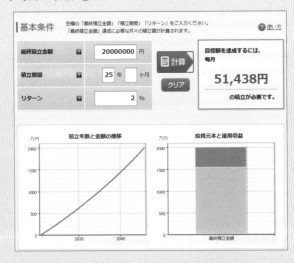

基本条件 空欄の「最終積立金額」「積立期間」「リターン」をご入力ください。
「最終積立金額」達成に必要な月々の積立額が計算されます。 ❓使い方

最終積立金額	❓	20000000 円
積立期間	❓	25 年 ケ月
リターン	❓	2 %

目標額を達成するには、
毎月
51,438円
の積立が必要です。

積立年数と金額の推移 投資元本と運用収益

1 「ドルコスト平均法」と「複利」を使って資産を積み上げる

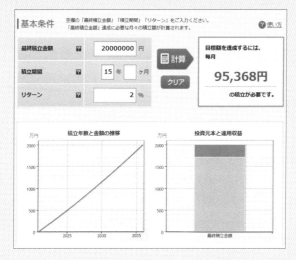

シミュレーション③

| 基本条件 | 空欄の「最終積立金額」「積立期間」「リターン」をご入力ください。「最終積立金額」達成に必要な月々の積立額が計算されます。 | ❓使い方 |

50歳の投資期間15年で計算してみると、毎月必要な投資金額は約9.5万円となり、約283万円が運用収益となります。

このシミュレーション結果からもわかるように、同じ「積立て・年利2%」という条件でも、**複利方式のため、投資できる期間が長ければ長いほど最終積み立て金額のうち、運用収益は「30歳>40歳>50歳」の順で増えていき、元本の順番は逆になることがわかります。**

つまり、積立て方式で長期投資を行う場合、**始める時期が早ければ早いほど複利のメリットを受けることができる**ということです。

これは50歳台の方が「手遅れ」という話ではなく、もしそうした人が投資をしようかどうか悩んでいる状況であれば、**「どんな人にとっても、始めるなら今！」**と後押ししたいという気持ちが大き

1 「ドルコスト平均法」と「複利」を使って資産を積み上げる

いからこそ、このように書いているのです。

長期投資なら
厳しい場所で勝負しなくて済む

　また、この目標金額が1億、10億円という大きな額になってくると、そもそもの利回りの設定や、毎月の積み立て金額もガラッと変わります。

　つまり、**年2%の利回りで2000万円という目標であれば、毎月の積み立て金額も現実的な額で収まりますし、購入する商品も損失リスクをあまり考慮せずに、ゆっくりと積み立てていけます。**

　相場の世界は「生き馬の目を抜く」と形容されることもあるほど厳しい一面もあります。ただ、それは短期投資などごく一部の人たちがしのぎを削り合っている場所に限った話であって、長期で資産運用を行うという前提であれば、初めからそうした場所で勝負する必要もないということを知っておいていただきたいのです。

2 インカムゲイン狙いで 安定した運用を 目指す

キャピタルゲインを継続的に 出し続けるのは難易度が高い

「積み立てて投資すること」のメリットを理解していただいたところで、次のステップである**「投資する商品を選ぶ際のポイント」**に進みましょう。

投資には大きく分けて2つ利益を出す方法があり、一つ目は**金融商品の価格差によって得られる「キャピタルゲイン」**といい、二つ目は**企業が株主に出す配当金や、債券などで得られる利子など、金融商品を保有することで得られる「インカムゲイン」**です。

一般的に投資というと、株式投資でよくある「安いところで買って価格が上昇したら売り、その差額で儲ける」というやり方をイメージする方が多いのではないでしょうか。

これはまさに「キャピタルゲイン」のことで、個別株の中には株価が10倍になるような銘柄も存在しますし、そうした銘柄に投資できれば劇的に資産を増やせる可能性があるため、魅力があります。

キャピタルゲイン ➡ 価格差によって発生する利益

例:**1000円**で買った株が、**2000円**に値上がり
　＝差額の**1000円**分がキャピタルゲインとなる

インカムゲイン ➡ 配当や金利によって発生する利益

例:**1000株**保有して、**1株あたり5円**の配当が発生していた
　＝**5000円**分がインカムゲインとなる

　通常、資産運用などの話の流れでは、こうしたキャピタルゲインを狙う方法を伝えることが多いですが、**本書ではインカムゲインを中心とした運用を目指します。**

　キャピタルゲインを一切狙わないわけではありませんが、あくまで**「オマケ」**と考えてください。

　というのも、先ほど2％の利回りを狙うというお話をしましたが、本書のように数年〜数十年単位の長期投資を行っていく場合、過度に利益を求める必要がないのです。

　確かにキャピタルゲインでは資産が倍〜数十倍になる可能性もありますが、そうした投資は当然損失リスクも大きくなります。**相場というのは本当に山あり谷ありで、私が経験したファンドマネージメントの世界でも、運用のプロが血眼になって年間数パーセントの利回りを出すことに尽力しています。**

2

インカムゲイン狙いで安定した運用を目指す

そんな中で、投資を始めたばかりの皆さん全員が、キャピタルゲインを狙ってコンスタントに利益を出し続けるのは、はっきり言って難しいのです。

インカムゲインで最低年利2%を確保しつつ 5%を目標とする

一方で、「**長期の積み立て投資×年利2%**」という条件であれば、運用のハードルはそこまで高くありません。配当や利子のつく金融商品に運用し、インカムゲインを得ることで比較的容易に達成することができるのです。

ただ、2%というのはあくまで最低条件で、それを確保しつつ5%を目標値として設定しましょう。

例えばREITやインフラファンド（※3章で解説します）などであれば年利5%を狙える商品はたくさんあります。

また、株式でも皆さんもご存じKDDI（9433）は２０２０年１２月の時点で1株当たり１２０円の配当を出していて、投資金額に対する利回りは約4%となります。

少額投資であれば飲食系や化粧品などの株主優待だけで5%の利回りを得ることができます。

つまり、

> **「最低年利2%を確保しつつ、年利5%を目標としてインカムゲインを狙える商品を組み合わせながら資産運用を行う」**

これが、本書の資産運用の根幹となります。

資産を分散して運用することで「トータルで勝つ」ポートフォリオが組める

◀ インカムゲイン中心でも 価格変動はある程度注意しておく

　③の「ポートフォリオを組む」に関しては、運用する商品ごとの価格変動リスクをできるだけ「ならす」ことを目的としています。

　先程、「商品を組み合わせる」という書き方をしましたが、「年5％の利回りを目標にするなら、そのような金融商品単体に投資すればいいのでは？」という疑問がありそうです。確かにそれも一つのやり方だとは思いますし、否定はしません。

　ただ、**配当などのインカムゲインを中心に狙っていくとはいえ、投資する商品の価格変動には、ある程度注意しておく必要があります。**

　例えば右の日本たばこ産業（2914　以下JT）の配当利回りの推移です。もともとJTは高配当株として知られていて、2019年12月期までに16期連続で増配してきましたし、2018年時点で配当利回りが5％台、その後最も高い時で8％の利回りがありました。

　この数値だけを見れば、インカムゲインを得る投資対象として非

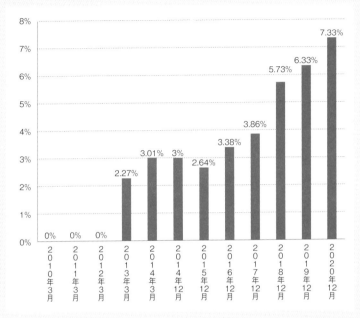

JT 利回り

常に優秀なのですが、問題は株価です。連続増配などの実績もありつつ、Ｐ４０の日足チャートを見るとわかるように、株価が下がったからこそ、相対的に配当利回りが高くなっているというわけです。

つまり、インカムゲイン狙いでJTに投資し続けた場合、配当で得られる利益は５％を超える成績を出し続けていますが、一方で購入した資産自体は目減りし続けているのです。。

本書の投資のやり方は差益を狙わない長期間の積み立て投資であるため、こうした価格の下落も多少は許容できますが、**資金の投入先を特定の銘柄に集中してしまうと、思わぬ損失を抱えてしまうというリスクがあるのです。**

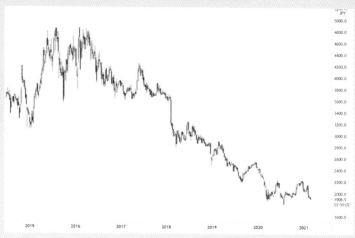

JT（2914）日足チャート　2015年〜2021年

これは、特定の銘柄もそうですが、1つの金融商品全体にも言えることで、例えば「国内の高配当株」に絞っていくつかの銘柄に投資した場合でも、全体相場が大きく下げてしまうと、個別の銘柄もそれに連動してしまう可能性があります。

だからこそ、**資産運用には株式だけにこだわらず、債券・REIT・ETF・インフラファンドなど、投資する金融商品自体を複数分散する、「ポートフォリオを組む」という考え方が必要なのです。**

1章で紹介した「逆ピラミッド型ポートフォリオ」でも、運用商品を段階的に分けていたのはこうした理由からです。

例えば日本株に対して米国10年国債は比較的相関度が低い金融商品として知られています。つまり、ポートフォリオの中で日本株と米国10年国債を組み合わせて買っておくことで、仮に日本株が大きく下がっても、それぞれが逆の値動きをする傾向にあるため、値下がりを相殺できる可能性が高いのです。

3　資産を分散して運用することで「トータルで勝つ」ポートフォリオが組める

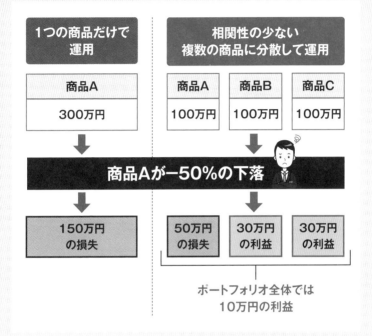

資産は「分散させる」が基本

これを「分散効果」と呼びます。

この**「分散効果」**によって、私自身、何度も資産が大きく目減りする危機から救われた経験がありますし、だからこそ**「株式だけではなく、扱える金融商品は広く対象としてポートフォリオを組む」**というやり方を皆さんにも実践していただきたいのです。

また、資産を分散させたポートフォリオを組むことができると、仮に国内株式で損失が出ても、他の金融商品でその損失の穴埋めや、反対に利益が出ることも多く、**「資産全体を見てトータルで勝つ」**という方向に意識が変わります。

誰かが組み入れる商品を選んでくれるわけではないので、自分で相場に合わせて調整していく手間は増えますが、**私自身はこうしたやり方を投資や資産運用の「王道」だと考えています。**

　自分で仮説を立てて、それを実行しＰＤＣＡを回していくことで資産運用の経験値が増えますし、これを学びながら、同時に「投資の面白さ」を知ってほしいのです。

3章

運用する商品は
「利回り」を重視して選ぶ

1 銀行預金に利回りはつかないが「安全資産」としては有用

銀行預金でつく金利も
インカムゲインの一つだが……

　では、具体的にどのような商品に投資していくのか、選択肢になる金融商品を一つずつ説明していきます。

　以下で紹介する金融商品すべてに投資するわけではないですが、これらから最適なものを選んでポートフォリオを組んでいくので、それぞれの特徴を知っておきましょう。

　ここまで「投資・資産運用」の文脈で話をしてきたので意外かもしれないですが、**銀行に貯金するのも資産運用の一つの方法です。**銀行に預金するとその額に応じて「金利」が付くため、インカムゲインを得ることができます。

　ただ現状、銀行預金は利子が非常に低いため、資産の置き場所として魅力的ではありません。**最も普通預金の金利が高い銀行であっても、0.2%（あおぞら銀行　2020年8月時点）で、それ以外ではほとんどが0.001〜5％程度なのです。**

　例えば資産が1億円あり、それをすべて銀行預金にまわした場合、金利が0.002％であれば年間で20万円しか増えません。

ネット銀行の普通預金金利（変動金利）

	定期預金金利	定期預金金利
東京スター銀行	0.001%〜0.1%	0.015〜0.25%
楽天銀行	0.02%〜0.10%	0.02%
イオン銀行	0.001%〜0.10%	0.02%
ソニー銀行	0.00%	0.01〜0.15%
オリックス銀行	0.01%	0.1〜0.3%
SBJ銀行	0.02%	0.03〜0.2%
ローソン銀行	0.001〜0.15%	0.03%
セブン銀行	0.001%	0.015〜0.02%
あおぞら銀行	年0.2%	年0.15〜0.2%

年5%の金利が付いた時代もあったが 今は「運用」とは言えない

　ひと昔前であれば、多いところで5％程度の金利がもらえたので、銀行に預金しておけばほぼノーリスクで資産運用できました。日本人はいまだに「貯金信仰」が強いですが、それもそのはずで、**銀行預金でこんな利回りを出せるのであれば、そもそも投資や資産運用を考える必要がなかったのです。**

　しかし、現在では金利自体が雀の涙なので、**銀行預金は資産を「増やす」という意味ではほとんど役に立ちません。**

　ただ、銀行預金は株などの金融商品と違って値下がりによる損失リスクはありませんし、ペイオフ制度があるので、仮に預けている

銀行が倒産しても、1000万円までなら保障されます。

　そのため、仮にリスクオフ相場（投資家がリスク資産への投資を回避して、安全資産に向かいやすい相場状況のこと）になった時に、株などのリスク資産を現金に換えることで損失額を減らすのも資産運用のやり方の一つです。

　その意味で、資産運用を行う上での銀行預金の扱いとしては「相場が悪くなったときに、資産の現金比率（キャッシュポジション）を増やすことで損失を減らす」という考え方でいいでしょう。

/// 銀行預金

運用商品としての特徴

メリット
- ●価格変動リスクなし（※インフレリスクはあり）
- ●ペイオフ制度があるので、銀行が倒産した場合も1000万円までなら保護される
- ●若干だが金利がつく

デメリット
- ●利子が少ない
　→高い銀行で0.02％。ほとんどが0.001～5％程度
- ●価格変動リスクがない分、預金することで利益も得られない

使い方

インフレリスクを除いて、預金が目減りすることがないので、資産を価格変動リスクに晒すことなく、安全に保有できます。ただし、得られる金利が少ないので「資産を増やす」点に関しては役に立ちません。そのため、相場悪化時の避難先として、もしくは、ある程度資産が大きくなった時点で、債券などと合わせて安全に運用する際の選択肢として考えられます。

2 株式は「高配当銘柄」+「内需」中心に選ぶことで、安定したインカムゲインを得られる

株主優待も「利回り」としてカウントできる

　ここまで説明してきた通り、本書では年に最低2％、目標は5％の利回りを狙った資産運用を目指します。

　株式については一般に「安いところで買って、高いところで売る＝キャピタルゲインを狙う」投資対象としてイメージする人も多いと思いますが、**長期で積み立てて資産運用していく場合、「インカムゲインを狙える銘柄」に絞って投資していきましょう。**

　株式でインカムゲインといえば**「配当」**や**「株主優待」**が対象となります。株主優待は店舗で使える割引券などをイメージする人も多いと思いますが、実はクオカードなどチケットショップで換金可能なものも多く、これも利回りとしてカウントすることができます。

　例えば、5万円の投資で3千円分のクオカードが優待としてもらえれば、利回りは6％です。

　株主優待は1単元からもらえる企業も多く、かつ投資金額が大きくなるほど利回りが下がってくるので、運用資金が少額のうちは、是非活用していきましょう。

また、**「つなぎ売り」**というテクニックを使うことで、株価の下落を気にせず株主優待を受け取ることができます。

　そのため、受け取る金額自体は少ないですが、こうしたテクニックを活用してコツコツと積み重ねていくことで、損失のリスクを抑えつつ、利回りを向上させることができるのです。

　ただし、つなぎ売りを含めて、株主優待を取得する際にはいくつか押さえておきたいポイントがあります。

　宣伝になってしまって恐縮ですが、現在、岡三オンライン証券主催のYouTubeチャンネル『3分でわかる株式投資！（https://www.youtube.com/channel/UCQrNQFYRY1Ayw-Pv5MuBeeQ/featured)』では、株主優待を行う際の基本的な知識や、旬の優待銘柄の紹介などを初心者でもわかりやすく解説しています。

　もし、株主優待に興味がある方は、こちらのチャンネルもチェックしてみてください。

配当の「利回り」を中心に考える

　続いて、**株式を保有することでもらえる、もう一つのインカムゲインが「配当」です。**

　この「配当」について簡単に説明しておきましょう。

　そもそも配当金とは「会社が得た利益の一部を株主へ還元する」ものです。配当金がもらえるタイミングはそれぞれの会社ごとに違いがあり、国内の企業では本決算後の年に1回、もしくは中間決算後の配当を加えた年に2回実施することが多いです。

株主優待のポイント

- ●換金可能な優待（QUOカードなど）は利回りとしてカウントできる
- ●優待の利回りは投資資金が多くなるほど低くなる
  - →「100株保有で1000円相当、1000株保有で2000円相当」といったケースが多い（※例外あり）
- ●「つなぎ売り」を活用することで、下落リスクを気にせず優待をゲットすることができる

株主優待の例
シノケングループ（8909）は100株所有で1000円分のQUOカードがもらえる

※画像は2019年の優待品

『3分でわかる株式投資！(https://www.youtube.com/channel/UCQrNQFYRY1Ayw-Pv5MuBeeQ/featured)』

2　株式は「高配当銘柄」＋「内需」中心に選ぶことで、安定したインカムゲインを得られる

配当金は権利確定日（各企業の決算日であることが多いです）の３営業日前までに株式を保有し、株式名簿に登録されている株主に対して支払われます。

そのため、権利確定日後に株式を買っても配当金をもらうことができない点に注意が必要です。

さて、資産運用の対象として株式を選ぶ場合、この配当金を得ることを目的に買っていくわけですが、その際**「配当利回り」**が大きなポイントとなります。

配当金は各企業によって額が異なり（そもそも配当金を出さない企業もあります）、例えばA社は１株当たり１０円、B社１株当たり２円のようなばらつきがあります。

ただ、**正直なところ、この配当金の額自体はあまり重要ではなく、本当に見なければならないのは「配当利回り」の方です。**

> **配当利回り**　１株当たりの配当を1株当たりの価格で割ったもの。株価が１０００円、１株あたり１０円の配当であれば、配当利回りは１％（10円÷1,000円）となる。

先程の例であれば、A社が「配当が１株当たり１０円」というと、一見高配当のように見えます。ただ、その企業の株価が仮に１００００円の場合、配当利回りで考えると０.１％となり、「年間最低２％」の目標を考えると全く足りません。

反対に、１株当たり２円の配当であっても、株価が１００円であれば、配当利回りは２％となるので、インカムゲインを得る目的だけで考えると、選ぶべきはB社となるのです。

よく株式投資の文脈で「高配当株」と呼ばれる銘柄がありますが、

2 株式は「高配当銘柄」＋「内需」中心に選ぶことで、安定したインカムゲインを得られる

これは単に配当の額で「高い・安い」を判断されているわけではなく、配当利回りを見て「高い」と判断されている点には注意する必要があります。

少し話が横道にそれましたが、要は本書で掲げる「最低2%の利回り」を達成するために、株式においては「配当利回りの高い銘柄を中心に運用していく」ことが基本的な方針になります。

 配当

配当とは?

=会社が得た利益の一部を株主に還元する制度

● そもそも、配当を出さない企業もある

● 配当を出す企業の中でも、「いくら配当を出すか」「年何回出すか（基本的には年1回、場合によっては中間決算後を含めて2回）」といった違いがある。

例:年1回、1株あたり10円の配当を出す企業の株を1000株保有した場合、
1000株×10円×1回＝年間10000円分の配当金となる

配当利回りとは?

=1株あたりの配当を、1株あたりの価格で割ったもの

● 配当利回りを計算することで、投資金額に対してどれくらいの利回りになるのかを確認できる

例:1株あたり10円の配当で、株価が1000円の場合
配当利回りは1%（配当10円÷株価1000円）

「高配当銘柄」を選ぶ場合

① 1株あたり5円の配当　1株300円
② 1株あたり8円の配当　1株5000円

どちらが配当利回りが高いか?

① 配当利回り→1.7%(5円÷300円)
② 配当利回り→0.16%(8円÷5000円)

> 1株あたりの配当は①の方が安いが、配当利回りで考えると②よりも高くなる

このように、高配当銘柄は配当額ではなく、配当利回りを基準にして考える

配当利回りランキングは信用しない

　ただ、注意しなければならないのが、配当利回りの高い銘柄を探すといっても、**雑誌などでよくある「高配当利回り銘柄ランキング100選」のような企画に掲載されている銘柄を鵜呑みにしないという点です。**

　というのも、**株価が下がって配当がそのままの額であれば、当然配当利回りが高くなるわけです。**つまり、こうした企画での選定は、単純に配当利回りだけを見ているので、その銘柄の株価や業績がどのような状態であるのかは、あまり考慮されていません。

その後の業績次第では減配（配当額が少なくなること）する可能性もありますし、**ランキングを見て上位の高配当銘柄に飛びつく、というのは避けた方がいいでしょう。**

そのため、**極端な話、上場企業全銘柄を対象にした高配当利回りランキングであれば、上位１００位まではバッサリ切り捨てて、そこから探すというのも一つの手です。**

配当利回りランキング

	銘柄名	現在値	配当利回り	目標株価	
*101*位	7182 ゆうちょ銀	1,006.0 (02/22) +6.0 (+0.60%)	4.97%	934	売
*102*位	8336 武蔵銀	1,609.0 (02/22) +8.0 (+0.50%)	4.97%	2,094	買
*103*位	8890 レーサム	910.0 (02/22) -5.0 (-0.55%)	4.95%	1,054	買
*104*位	2674 ハードオフ	808.0 (02/22) +8.0 (+1.00%)	4.95%	730	売
*105*位	8871 ゴールドクレ	1,719.0 (02/22) +22.0 (+1.30%)	4.94%	2,225	買
*106*位	8892 日エスコン	769.0 (02/22) +15.0 (+1.99%)	4.94%	807	買
*107*位	8395 佐賀銀	1,416.0 (02/22) +10.0 (+0.71%)	4.94%	1,836	買
*108*位	6357 三精テクノロ	711.0 (02/22) +21.0 (+3.04%)	4.92%	976	買
*109*位	7011 三菱重	3,055.0 (02/22) +5.0 (+0.16%)	4.91%	3,364	買
*110*位	7270 SUBARU	2,035.0 (02/22) -35.5 (-1.71%)	4.91%	2,261	買
*111*位	6393 油研工	1,632.0 (02/22) +25.0 (+1.56%)	4.90%	1,593	売

配当利回りランキング
※配当利回りは実績値です。
🔍 全3080件
更新日時：02/22 16:50
市場 全市場　業種 全業種　表示 高い順　表示条件

このように、ランキング１００位以下でも、５％前後の配当利回りを得られる銘柄は多い。こうした銘柄の中から選んで行くのも一つの手だ。

出所：みんなの株式

さらに言えば、**配当狙いであれば値動きよりも「毎年、安定して配当を出しているか」を重視して選ぶべきです。**

各証券会社が提供しているツールの中には「過去〇〇年分の収益」「過去〇年分の配当推移」というように、一定期間の業績や配当実績をスクリーニングできるものがあります。

ある程度利回りの高い銘柄にいくつか目星を付けたら、こうしたツールを使って業績の安定性や配当についてスクリーニングし、買う銘柄を絞り込んだ方がいいでしょう。

基本は「低PBR株」「低PER株」の中から高配当銘柄を選ぶ

また、配当利回りの高い銘柄に投資する際のもう一つのポイントとして、**「成長株（グロース株）」は基本的には避けた方が良いでしょう。**

成長株は株式市場で数年先の業績まで織り込まれ、すでに株価が割高になっていることが多く、配当を実施している企業でも配当利回りが低いため、そもそも本書のような利回りで考える資産運用向きではありません。

加えて、仮に差益（キャピタルゲイン）を狙った投資を行う場合でも、成長株はいわば「椅子取りゲーム」のようなもので、初心者が特に高値掴みをして損失しやすい部類の銘柄群です。

そのため、**低PBR（資産株）・低PER（割安株）の銘柄群の中から配当利回りが高いものを中心に選択するというのが基本的な戦略となります。**

2　株式は「高配当銘柄」＋「内需」中心に選ぶことで、安定したインカムゲインを得られる

　とはいえ、1章で紹介した「逆ピラミッド型ポートフォリオ」では、運用商品の一例としてピラミッドの一番下に成長株を入れています。

　前述した割安株・資産株への積み立てに回す資金を確保したうえで、もし資金に余裕があるならば、資産運用の初期段階で成長株を買ってみるのも一つの手です。

　成長株というのは基本的にボラティリティが高い傾向にあります。つまり、仮に年10％の利回りを得られた場合、同様に年10％の損失を出す可能性があるということです。

　そのため、成長株をポートフォリオの中に組み込んでしまうと、資産全体のボラティリティを引き上げてしまいます。

　したがって、成長株を買う場合は、高配当株など積み立て用の金融商品を集めたポートフォリオと別口座にするなど、完全に分けて考える必要があるのです。

　資産運用というと多くの人が、成長株のようなボラティリティの高い金融商品で、「○○年で1億達成」のようなゴールを目指しがちです。

　ただし、こうした運用でうまくいくのはごくごく一部の人だけで、残りの参加者は資金を失って退場していきます。

　もちろん、皆さんが全員成長株投資で必ず失敗するとは思いません。ただし、結局のところ、「老後資金」という目標であれば、逆ピラミッド型の運用でコツコツと積み立てていくことで、ほとんどの人が達成できますし、あえて高いリスクを抱える必要は一切ないのです。

資産運用における株式の基本戦略

「高配当」かつ、低PBR（資産株）・低PER（割安株）
を基準に選んでいく

→銘柄ごとのボラティリティは低いが、配当で利回りを狙える
（場合によっては、キャピタルゲインも狙える）

余裕資金がある場合

資産運用の初期段階で「成長株」を買うのもアリ

→ただし、自分の積み立て用ポートフォリオとは別の口座でやる
　成長株はボラティリティが高いため、
　ポートフォリオに組み込んでしまうと
　全体のボラティリティを上げてしまう
→基本的に、成長株による資産の増減はアテにしない

構成銘柄は「内需株中心」かつ「セクターの偏り」を避けよう

　また、ポートフォリオに組み込む株式を選ぶ際に、追加で考慮してほしいポイントがあります。それが下記の2点です。

①構成銘柄は内需株中心

②セクターの偏りを避ける

　まず①に関してですが、そもそも内需株というのは、インフラ企業など国内に事業の需要がある企業で、基本的にはそうした銘柄の

中から、配当を重視して選びましょう。

　というのも、外需株（自動車メーカーなど、国外にも拠点がある企業）は非常に景気に左右されやすく、景気悪化時に減配される傾向があるため配当狙いの運用には不向きだからです。

　とはいえ、「外需株は完全にアウト」というわけではないですが、**できれば内需株の中で「安定した業種」「配当が高い銘柄」を基準に運用銘柄を選択するのがおすすめです。**内需株であれば、数十年という単位で保有することになっても、配当が出続ける可能性が高いので、安定した資産運用につながります。

　②については、①の「内需株に絞る」を前提としつつも、**分散投資の観点から、特定の業種やセクターだけに絞った運用を避けるという意味です。**

　例えば、不動産は内需ですが、ポートフォリオの株式をすべて不動産に絞ってしまうと、不動産相場が崩れた際に損失が大きくなってしまいます。

　そのため、いくら高配当であっても、特定の業種やセクターに偏った買い方でなく、例えば「NTT（通信）」「JT（たばこ）」「公共事業銘柄」のように、分散させて運用するのが基本です。

◀ 外国株式も同様に配当狙い

　ここまで、国内株式を前提にお話しをしてきましたが、配当狙い運用していく場合、外国株式も十分視野に入れて良いと考えています。

　というのも、外国株式（主に米国株式）については、基本的に日

本よりも成長していますし、国の年金も市場にかなりの額が入っています。

　つまり、市場全体で考えた際、「ポートフォリオの中に海外の成長を取り込む」という意味でも、外国株式をポートフォリオに組み込むことは非常にメリットがあります。

　ただし、私たちは日本に住んでいますし、海外企業を日本企業と同じレベルで知ることはハードルが高いです。そのため、**基本的には日本人の我々でも聞いたことのあるような、グローバル展開している大手企業の株を買うのが基本的な方針となります。**

　日本株と同様、基本的にはそれぞれの国の中での内需株を買っていくことになります。

　例えば、米国であれば**「トイレタリー業界」「P&G」「コカ・コーラ」「米国国内の鉄道会社」**などです。

　平常時はこうした銘柄が候補となりますが、相場が暴落したときには「米国の連続増配銘柄」も候補に上がります。

　平常時にはこうした銘柄はかなり買われているので、配当が増配していても、利回りは低いので旨味がありません。

　しかし、暴落時には優良な銘柄を利回りが高い状態で買うことができます。

　もし、**海外株を運用することに抵抗がある場合や、どの銘柄を買ったらいいかわからない場合は、ETF を選択するやり方でも十分です。**

　例えば「ヘルスケア ETF」「鉄道・インフラ ETF」などは、前述の企業なども構成銘柄に含まれるので、間接的に海外企業に投資することができます。

2　株式は「高配当銘柄」＋「内需」中心に選ぶことで、安定したインカムゲインを得られる

株を買いたいのに、1単元が高すぎる場合は「ミニ株」を利用する

　株式についてお話してきたなかで、運用に組み込む際のポイントは理解してもらえたかと思います。

　1点注意してもらいたいのですが、株の価格というのは、企業ごとに大きく違いがあります。

　例えば、ユニクロを運営するファーストリテイリング（9983）の株価は、2021年3月時点で95870円なので、1単元（100株）購入すると1千万円近く資金が必要です。

　2章で紹介した「ドルコスト平均法」では、毎月数万円を積み立てていくことになるので、こうした高額な銘柄はいくら利回りが良くても、とても手が出ません。

　でも、安心してください。**いくつかの証券会社では「ミニ株」というサービスを提供していて、通常の株取引では1単元からの売買が必要ですが、ミニ株の制度を使うことで、1単元から株式を買うことができるのです。**

　ミニ株は「売買回数に制限がある」「優待がもらえない」というデメリットはありますが、配当や差益は通常の売買と同様に受け取ることができるので、ドルコスト平均法とも相性が良いのです。

　それでも、上記のファーストリテイリングのように、1株当たりの価格が非常に高い銘柄は、月々の積み立て額を考えると手が出せない場合があるかもしれません。その場合は、資金が大きくなったら買うというスタンスでよいでしょう。

3 債券は「資産運用の王様」 でも、運用を始める タイミングには注意が必要

> **満期まで保有すれば、元本＋利子がもらえる**

　長期で利回りを重視する資産運用というと、王道の金融商品は「債券」でしょう。債券とは、国や地方公共団体、企業などが投資家にお金を借り、その借用の証明書として発行されるもので、**国が発行する債券は「国債」、企業が発行する債券を「社債」**といったように、発行する主体によって呼び方が変わります。

　債券を購入するということは、債券を発行する主体に対してお金を貸している状態になります。皆さんが消費者金融でお金を借りる場合、借りたお金以外に利息を払う必要があります。**債券も同様に買った投資家は「利息」をもらうことができます。これが、債券でインカムゲインを得る仕組みです。**

　また、**債券のもう一つの特徴として、保有してから満期を迎えると、投資した元本が戻ってきます。**これを「償還」と呼びます。償還日については債券ごとに違いがあり、例えば日本が発行している「個人向け国債」は、１０年・５年・３年とそれぞれ満期までの期間が設定されています。

　つまり、10年満期の日本国債を100万円分を10年間保有すると、償還される元本の100万円に加えて、その間に発生した金利をもらえるのです。

　これが、債券を使った資産運用の大きな仕組みです。

債券の仕組み

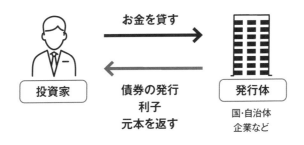

お金を貸す →

投資家 ← 債券の発行 利子 元本を返す 発行体

発行体 国・自治体 企業など

●債券は元本が戻ってくる

投資家は債券を購入することで、発行体に資金を貸します。債券にはそれぞれ期間が決められていて、投資家が満期まで債券を保有すると、発行体が破綻しない限りは、貸した資金の満額が払い戻されます。

●さらに、保有中には利子が支払われる

債券を保有することで、あらかじめ決められた期間ごとに利子が支払われます。利回りを重視する資産運用では、この利子に注目します。

本来、債券は長期投資に最も向いている 金融商品だが……

　ちなみに、先ほど「債券を満期まで保有すれば元本が戻ってくる」とお話しましたが、**債券は満期を待たずに売ることができます**。ただ、債券の価格は日々変動しているため、満期を待たずに売った場合は、元本が満額戻ってこない可能性があるので注意が必要です。

　逆に考えると、１００００円で購入した債券金利の低下で１１０００円に値上がりしていた場合、償還日を待たずに売却しても１０００円分の値上がり益を得ることができます。このように、**債券はキャピタルゲインも狙うことができる金融商品なのです**。

　とはいえ、本書では再三お伝えしているように、長期の資産運用がテーマです。「満期まで保有すれば元本が戻ってくる」という債券の特性を踏まえると、株式を始めとした、ほかの金融商品が抱える「値下がりリスク」を避けつつ利息をもらえますし、その点にお

 債券のメリット

株などの 金融商品	→	配当を狙った運用を行なったとしても、株価が下落すれば、資産が目減りする可能性がある
債券	→	途中の解約、もしくは発行主体が破綻しない限り元本が保証されているので、値下がりリスクを回避しつつ、利子を受け取ることができる

いて債券は「長期投資には最も適した金融商品」だと言えます。

　ただし本来、債券は長期投資の王様ではあるのですが、2021年3月現在においては資産運用の対象としづらくなっています。

　というのも、先ほど債券価格が変動しているという話をしましたが、同時に金利も変動していて、特に投資対象となる国債の金利が世界的に低下しているのです。

　以下の表とチャートを確認するとわかりますが、例えば日本の国

日本国債　利回り

名称	利率	価格	利回り
日本国債2年　利回り	0.10	100.42	-0.13%
日本国債5年　利回り	0.10	100.82	-0.07%
日本国債10年　利回り	0.10	99.81	0.11%
日本国債20年　利回り	0.50	99.56	0.52%
日本国債30年　利回り	0.69	100.03	0.69%

米国債　利回り

名称	利率	価格	利回り
米国債 2 年	0.13	100.03	0.11%
米国債 5 年	0.38	98.91	0.60%
米国債 10 年	1.13	97.77	1.37%
米国債 30 年	1.88	93.45	2.17%

2021年3月1日時点

債では１０年こそプラスになっていますが、利回りは0.11％と銀行預金よりはわずかに良い程度ですし、３年や５年ではマイナスの利回りとなっています。

これは欧米圏の国債でも同様で、そもそも利回りに関して全く旨味がない状態です。ここ数年で２〜３％の利回りがあった米国債でも１％程度です。

また、新興国でも直近では軒並み低金利が続いています。例えばインド国債１０年では、２０１８年には８％の利回りがありましたが、現在では６％程度にまで落ち込んでいます。

そのため、**本来債券は資産運用で一番に組み込むべき金融商品ではありますが、現状は選択肢の１つにとどめ、利回りが気になる人は様子見しておき、金利が上昇してくるタイミングで改めて候補に入れるという考え方が良いでしょう。**

インド国債　利回り推移

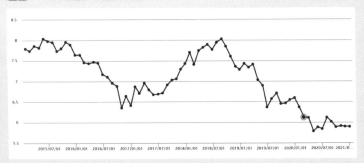

信用と利回りの関係性

　一方、新興国の利回りが下がっているといっても、欧州や米国の国債と比較すると各段に高いですし、「こちらを買っておけばいいのでは？」と思う人もいるでしょう。

　ただ、こうした高利回りの債券を運用する場合は「格付け」を考慮しておくべきです。

　格付けとは「格付け会社（国債ではムーディーズ・S＆P・フィッチ等）」と呼ばれる企業が出す情報のことで、格付けが高ければ高いほど、その国の信用度が高く（１０年ものの国債であれば、１０年後に元本を保証できる能力がある）と判断されますし、低い国はデフォルトなどのリスクがあるため信用度が低いと判断されます。

格付けのイメージ

信用度 高		
	AAA	**信用力が最も高い**
	AA	**信用力が高い**
	A－	投資適格
AAAなどの表記は格付け会社によって異なります	**BBB－**	
	BB＋	投資不適格
	B	
	C	
信用度 低	**D**	

この格付けは利子の変動に大きく関わっていて、個人が銀行等で借入れする際にも、信用度の高い人が借入れする場合は少ない利子の支払いで済みますが、信用度が低ければ利子は高くなります。これは国にも言えることで、**一般的に国債は格付けが低いほど、金利が高くなる傾向にあります。**

　つまり、先ほどの S&P の格付けの中で、比較的金利が高かったインドは Baa3 となっており、Aaa の米国債と比較すると、仮に2つの国債を運用した場合、インド国債は高い金利を得る代わりに債務不履行のリスクを抱えるということになります。

　もっとも、格付けが低いからと言ってすぐにそうした国がデフォルトなどをするわけではありませんし、比較的高めのリスクを取ってリターン（金利）を狙いに行くというのも一つの考えです。ただ、その場合も信用リスクについては必ず頭に入れておいてください。

信用度と利回りの関係

REIT（リート）は
利回り狙いの運用であれば必ず
ポートフォリオに入れておきたい

不動産投資のいいとこどりができる　REIT

　前述の債券のほか、**インカムゲインをベースにした資産運用の代表的な例として「不動産投資」があります。**

　皆さんもご存じの通り、不動産投資は所有している物件を他人に貸し出して、その賃料を収入とします。物件と入居者の確保さえできれば、定期的に賃料が発生するため安定した利回りを出しやすいのです。

　ただ、不動産投資はスタートの段階で、ある程度まとまった資金が必要です。ローンを組むにしても、頭金で少なくとも数百万円は必要になりますし、1件買うのにも多くの資金が必要なわけですから、いくつか物件を確保して分散投資を行うにはさらに資金を用意しなければなりません。

　本書はあくまで「月々の積み立て」が前提ですし、この時点で不動産投資は選択肢から外れます。

　また、不動産は買って終わりではなく、物件を管理するコストもかかりますし、買った物件が気に入らず売りに出したくなっても、すぐに買い手が見つからない、「流動性のリスク」もあります。

つまり、**大まかにいえば不動産投資は、あらかじめまとまった資金を用意できる人向けの運用対象なのです。**

　では、なぜ不動産投資の話をしたのかと言えば、**こうした不動産投資のデメリットを回避しつつ、3%から高いもので17%もの利回りをを狙える「REIT」という金融商品があるからです。**

　REITとは「不動産投資信託証券（Real Estate Investment Trust）」の略で、投資家から集めた資金で専門業者が不動産投資を行い、賃貸収入や不動産の売買益を原資として、投資家は配当をもらえる金融商品のことです。

◢◢◢ REITの簡単な仕組み

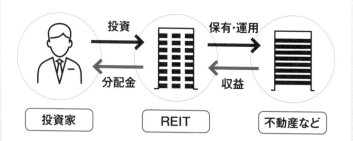

REITは「不動産投資信託証券」の略称

投資信託と似た仕組みで投資家から受け取った資金をもとに、オフィスビルやホテルなどの不動産を保有・管理し、コストを差し引いた収益を配当として投資家に還元します

　名前にある通り、**REITは投資信託の仲間です**。投資信託も投資家が直接、個別株などの商品を購入するわけではなく、「○○ファンド」「××ファンド」といった各ファンドが運用する金融商品を購入します。REITもこれと同じで、投資家は直接物件を購入するわけではなく、**物件の取得や管理などを行う専門業者（不動産投資法人）に出資して、**「**間接的に**」**不動産の収益を配当として受け取る仕組みです。**

　REITのメリットとしてまず「**購入のハードルが低い**」という点が上がります。先ほどもお伝えした通り、REITは直接不動産を購入する必要がありません。

　さらに、**REITは取引所に上場しているため、株式と同様に売買ができます。**

　購入単価については、各投資法人ごとに異なりますが、安いもの

ＲＥＩＴ価格一覧

証券コード	投資法人	価格（円）	利回り（%）
8963	インヴィンシブル投資法人	41,700	0.63
3476	投資法人みらい	44,650	5.42
3468	スターアジア不動産投資法人	52,000	5.6
8985	ジャパン・ホテル・リート投資法人	62,800	0.62
3472	大江戸温泉リート投資法人	77,200	4.92
3309	積水ハウス・リート投資法人	83,100	3.93
3463	いちごホテルリート投資法人	86,800	2.03
8975	いちごオフィスリート投資法人	87,000	4.79
8986	大和証券リビング投資法人	101,400	4.26

2021年2月25日時点　一口あたりの取得単価が安いものから掲載

4　REIT（リート）は利回り狙いの運用であれば必ずポートフォリオに入れておきたい

で数万円～10万円程度で購入可能です。比較的投資価格が安いものから選べば REIT も十分、運用の選択肢に入るのです。

また、REIT が取引所に上場しているということは、不動産を直接買うのと比べてはるかに売買がしやすい金融商品です。要は株式と同様に、**市場が空いている時間であればいつでも売買ができるので「売れない」というリスクが低いのです。**

長期投資なので頻繁な売買はほとんど行いませんが、買ったREIT の利回りが極端に低下し、別の商品に組み替えたい場合などはすぐに切り替えができるので、こうした点はメリットとなります。

加えて、REIT は購入物件の選定や、物件の管理についても不動産投資法人が行います。REIT の分配金はそうしたコストをあらかじめ差し引いて金額が決まるので、「コストが0」というわけではありませんが、投資家は資産運用に直接かかわらない要素に煩わさ

REITのメリット

① ほとんどの銘柄で3%以上以上の利回りが狙える

② 市場で売買ができるため、「売れない」というリスクがない

③ 物件の選定や管理を行う必要がなく、煩わしさがない

④ 商業施設やオフィスビルなど、個人で投資できない不動産を間接的に運用できる

⑤ 値動きが安定していて、暴落時にも強い

れる心配がないというのもメリットです。

　また、**投資対象は賃貸用マンションからオフィスビル、商業施設などバリエーションがあるのも魅力のひとつです。**不動産投資では、あくまで個人の資金範囲なので購入できる物件は限られていますが、REITではそうした制限なく様々な物件に投資することができます。

REITには3つの運用スタイルがある

　REITは大きくわけて3つの運用スタイルがあります。

①特化（単一）型

②複合型

③総合型

　①の特化型は、**「オフィスビル」「レジデンシャル（賃貸マンション）」「物流（倉庫）」というように、特定の不動産に特化して投資する運用スタイルです。**種類としては先ほどの3つが多いですが、他にも「商業施設」「地域」「ホテル」などがあります。

「特化」という言葉通り、特化型は1種類の不動産に集中して投資するので、価格の動向をある程度予測しやすいというメリットがあります。

　例えば、景気が良ければオフィスビルの需要が高まるので、オフィスビル型のREITは値上がりしやすくなり、景気が悪くなれば反対に値下がりしやすくなります。

　ただ、特化型は対象となる不動産の動向に非常に左右されやすく、値動きの幅も大きいので「安定したインカムゲインを狙う」という目的で運用するには不向きです。

②の複合型は「オフィスビル」「レジデンシャル」というように**投資対象を２種類組み合わせたもの**です。投資対象が分散されているため、仮にオフィスビルが値下がりしたとしても、レジデンシャルは異なる動きをするため、特化型と比較して値動きの幅を抑えることができます。

REITの種類

特化（単一）型	住居特化型
	商業施設特化型
	物流特化型
	ホテル特化型

| 複合用途型 | 複合型
（2つの用途の不動産に投資） |
| | 総合型
（3つの用途、または用途を限定しない） |

　つまり、**複合型は特化型よりも比較的値動きが安定しているという特徴があります**。半面、値上がり幅も抑えられるため、キャピタルゲインを狙う場合には不利ですが、インカムゲイン狙いには向いていると言えます。

　③の総合型は、投資対象を3種類以上混ぜたもので、複合型よりもさらにリスクが分散されています。

相場下落時には積み立てではなく、まとまった資金を入れるのもアリ

　どの運用スタイルのREITであっても、分配金（配当）は基本的に、年2回をもらうことができ、各投資法人の決算の3日営業日前までに保有していれば、分配金の対象者となります。

　決算は1月と7月が比較的多いですが、近年は時期がばらけてきているので、資金がある程度あれば、分散して買うことで毎月分配金をもらうことも可能です。

　また、個人的な意見として、**REITは「インカム狙いに適した金融商品」と考えています**。

　これは、一部の銘柄をのぞけば**REIT全体が比較的値動きが安定しているため、相場が急落することがあっても利回りが高い商品のため基本的には値下がりは緩やかなことが多い**ためです。

　この性質を踏まえると、分配金の額が急に下がるようなことがない場合、急落時には配当利回りが大きく上昇します。

　2020年3月には新型コロナウイルスによって不動産相場も大きく影響を受け、**REITも軒並み価格が下がったことで配当利回り**

予想が１７％を越えた銘柄もありました。

　JT のように高配当でも株価が下落し続け含み損が大きくなると元も子もありません。ただ、前述したように REIT は需給的な面もありましたが2020年3月のような下落があると利回りが価格を支えることが多く、しっかりと元の水準に戻した銘柄も多くありました。

　そのため、REIT に関していえば毎月の積み立てをベースにしつつ、別枠で「暴落時に買い付ける用の資金」を用意しておき、タイミングを狙って買い付けることで、より高い利回りを狙う戦略が有効です。

▰▰▰ ジャパン・ホテル・リート投資法人（8985）　週足チャート

観光業界は新型コロナウイルスの流行により打撃を受けたが、ホテル特化型のREITでも、このように元の水準まで戻しつつある

5

インフラファンドは「高利回り」かつ「値動きの安定性」に注目

インフラファンドはREITのエネルギー施設版

先程の REIT は、ファンドを通して投資することで、不動産という運用対象の利回りを、管理の手間や流動性の問題を解消しつつ得られる金融商品と説明しました。

この REIT と同じような仕組みでもう一つ押さえておきたいのが**「インフラファンド」**です。

インフラファンドとは、おもに太陽光発電施設に投資しているファンドのことです。REIT は賃料を分配金として受け取れますが、**インフラファンドは発電で得た売電収入から分配金を受け取るという仕組みです。**

次のページの表を見るとわかるようにインフラファンドも証券取引所に上場しているので、各投資法人には証券コードがついており、REIT と同様に市場が開いていればいつでも売買できます。

インフラファンド 一覧

証券コード	投資法人	価格(円)	利回り(%)
9281	タカラレーベン・インフラ投資法人	118,700	5.77
9282	いちごグリーンインフラ投資法人	65,300	5.85
9283	日本再生可能エネルギーインフラ投資法人	103,900	6.16
9284	カナディアン・ソーラー・インフラ投資法人	134,300	5.51
9285	東京インフラ・エネルギー投資法人	97,800	6.49
9286	エネクス・インフラ投資法人	89,700	6.69
9287	ジャパン・インフラファンド投資法人	95,700	6.08

※2021年2月25日時点

　インフラファンドで特に注目したいのが利回りで、現状、我々が運用対象にできるのは7社ですが、どのファンドも5〜6％前後の利回りが出ています。

　これは、インフラファンドの主な投資先が太陽光発電施設であり、太陽光をはじめとした再生可能エネルギー源（太陽光・風力・水力・地熱・バイオマス）を用いて発電された電気は、FIT（再生可能エネルギーの固定価格買取制度）によって、国が定める価格で一定期間、電気事業者が買い取ることを義務付けられています。

　この制度があることによって、安定して売電収入を得ることができ、インフラファンドは比較的高い水準で利回り安定して出しています。

5

インフラファンドは「高利回り」かつ「値動きの安定性」に注目

インフラファンドは値動きが安定しやすい

　また、**インカムゲインを狙う資産運用では、値動きの安定性も重要になってきます。**

　次のページのチャートは日経平均、東証 REIT 指数、タカラレーベン・インフラファンド法人の、２０１９年１２月〜２０２０年１２月までのチャートを比較したものです。

　図にあるように、新型コロナウイルスによるショック前後ではインフラファンドの値下がりが最も抑えられていたことがわかります。このようにインフラファンドは景気に左右されづらいため、値動きも安定しやすいのです。

　先程の表にあるように、**今のところ投資対象にできるインフラファンドは7銘柄です。**

　ただ、近年 SDGs（持続可能な開発目標）関連に注目が高まっていて、再生可能エネルギーを取り扱うインフラファンドに注目が集まっており、インフラファンド指数と相まって、今後、運用時の選択肢も広がると予想されます。

　その際の銘柄選びのポイントとしては、**現状、各ファンドが太陽光発電施設を主に扱っていることもあり、自然災害等のリスクを考慮して施設の地域分散ができているか**という点などを確認しておいた方が良いでしょう。

インフラファンド・日経平均・REIT指数　比較

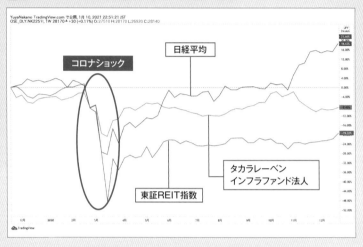

5 インフラファンドは「高利回り」かつ「値動きの安定性」に注目

4章

逆ピラミッド型ポートフォリオで安定した運用を目指す

人によって最適な
ポートフォリオは異なる

「軸」になる考え方を教えます

　3章では積み立てて行う資産運用に適した金融商品をいくつか紹介してきました。

　紙面の構成上、解説したのは銀行預金も含めて5つですが、それぞれを組み合わせてポートフォリオを組むことで、十分資産運用を行うことができます。

　ここからはそうした商品をどのように組むかについて解説していきます。ただ、**その際に皆さんにまず理解してもらいたいのは「人によって最適なポートフォリオは異なる」**という点です。

　前述の通り、「積み立て・利回り」を重視した資産運用のやり方という部分では共通項がありますが、**それを個人個人の「最適」に合わせて考えていく場合、商品の選び方・積み立てのやり方は全く異なってきます。**

　それもそのはずで、大前提として読者の皆さんの年齢によって月々に積み立てていける額が変わってきます。

　2章で説明したように、「65歳で2000万円」を当面のゴールとした場合、30歳と50歳では運用期間・月々の積み立て金額

「最適」は人それぞれ

「65歳までに2000万円」を目標とした場合

30歳
Aさん

積み立て期間：35年　　年間利回り：5%

➡毎月 **17604円**の積み立てが必要

50歳
Bさん

積み立て期間：15年　　年間利回り：5%

➡毎月 **74825円**の積み立てが必要

年間5%の利回りで運用したとしても目標までの
投資期間が違えば、積み立て金額も大きく異なってくる

も大きく異なります。

　また、年に2～5%の利回りを目標にしてはいますが、「インカ
ムゲイン狙いを基本としつつも、もう少しリスクを取って5%以上
の利回りを出したい」という人もいるでしょうし、反対に、「利回
りは低くて良いのでできるだけ値下がりリスクを減らしたい」と考
える人もいるでしょう。

　つまり正直なところ、**資産運用に関しては単純なシミュレーショ
ンや商品選びの問題というよりも、「本人が今後の人生をどのよう
に進めていくのか」という部分と紐づいているため、一概に「〇〇
するといい」と結論を出すことが非常に難しいのです。**

したがって、本書のような「書籍」という媒体で、**私から資産運用についてお伝えできるのは、あくまで皆さんそれぞれの「軸」になる考え方だけです。**

「万人に最適なポートフォリオ」は ありえない

「どの商品をどんな割合で運用すればいいのか教えてほしい」という人もいるかもしれません。

厳しい言い方になってしまいますが、**そのような形でしか資産運用できない人は老後2000万円の達成はもちろん、利回りをプラスで運用することも難しいので、早々に投資信託やロボアドバイザー等に切り替えた方が良いでしょう。**

資産運用は「100万円を1年で1億円」というような、高いリスクを背負って行うものではなく、やり方さえ間違えなければ誰でも老後、過不足なく暮らしていくための資金を得ることができます。

ただ、そのためには、**自分自身の特性や状況をしっかりと分析して、どのような運用のやり方や金融商品が自分に向いているのかを知っておく必要があります。** その意味で、私にとって「最適」と思える運用方法でも、それが万人に当てはまるわけではないのです。

だからこそ、以下の具体的な話に進む前に、一度皆さん自身の状況を振り返ってみましょう。自分の資金量や特性について整理したうえで、どのような組み合わせ方が最適なのかを考えることから資産運用は始まります。

2

資金量が少ない時には
リスクを取り資金量が
大きくなればリスクを抑える

◀ 「リスクの逆ピラミッド」で積み上げ

　ここからお話する内容は、あくまで**資産運用時の「基礎」の部分**として受け取ってください。

　まず、根本的な考え方として1章で紹介したように、**「リスクの逆ピラミッドを積み上げていく」**やり方をお勧めします。**資産運用を行う際に最も避けなければいけないのは、「運用額が大きくなったときに大損してしまうパターン」**です。

　例えば、100万円から始めたとして50万円の損失が出た場合、運用資金からすれば「大損」かもしれませんが、この程度であれば入金等で損失前の水準に戻すことはそこまで難しくありません。

　ただ、運用資金が1000万を超えるような額になった場合、資産が半減するような損失を出してしまうと、給与等からの入金で穴埋めするには非常に難しくなってきます。**特に目標（2000万円）達成前に大損するようなケースは最悪です。**

資産運用は「リスクの逆ピラミッド」で考える

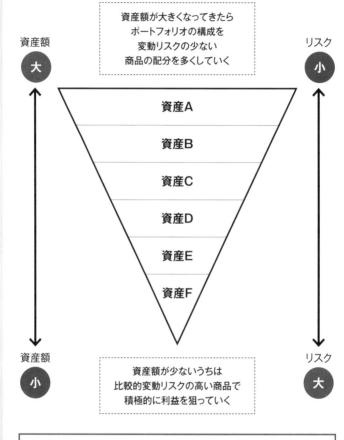

資産額が大きくなってきたら
ポートフォリオの構成を
変動リスクの少ない
商品の配分を多くしていく

資産額 大

リスク 小

資産A

資産B

資産C

資産D

資産E

資産F

資産額 小

リスク 大

資産額が少ないうちは
比較的変動リスクの高い商品で
積極的に利益を狙っていく

どの段階でも利回りは狙うが、
資産額が大きくなるにつれて
「減らさない」ことを意識するのが重要

2 資金量が少ない時にはリスクを取り
資金量が大きくなればリスクを抑える

「仕組み」で縛ることで大損しない環境を作る

　こうした例について、「目標達成前にそんな大損するような運用の仕方をしないだろ……」と思う人もいるかもしれません。しかし、長年相場の世界にいると、似たような話はザラにあります。

　本書で目指すようなインカムゲインを狙った資産運用でも、個別の資産は日々変動しています。数百万のうちはそうした値動きが気にならなかったとしても、運用資産の桁が増えてくると場合によっては毎月の給与ほどの含み損が1日で出ることもあるわけです。

　インカムゲインを狙った資産運用の場合は、そうした含み損はあまり意識せず利回りだけに注目しておけば良いのですが（状況によっては組み換えも当然必要です）、心情的にはやはり気になります。**そうしたとき、「焦り」や「損失を取り戻したい」といった感情をコントロールできなくなると、人間は普段やらない行動をとってしまいがちですし、それが大損につながります。**

　ファンドマネジメントの世界のように、多額の資金を運用するような訓練を受けているならまだしも、本書の読者の皆さんは資産の運用自体が始めてという方も多いかと思います。であれば、**「誰でもそうした事態になりうる」ということを念頭において、大事な資産を守りつつ増やす戦略を取っていくべきです。**

　だからこそ、**運用資産が大きくなったときに備えて、あらかじめ大損しづらい仕組みを作っておくことが重要**ですし、そのための「リスクの逆ピラミッドで積み上げ」なのです。

●資産が大きくなってきた時に「大損しない」仕組みを作りやすい

➡変動リスクの少ない商品を徐々に積み上げていくことで「リスクの取りすぎで大損」という事態になりづらい

●結果的に分散投資を行うことができる

➡価格変動リスクが高い商品も運用対象となるが、ポートフォリオ全体で見れば割合を少なく抑えることができる

リスクが低くなるごとに 資産配分を大きくしていく

少し話が脱線してしまいましたが、要は

・運用額が小さいうちはリスクの高い商品
・運用額が大きくなるにつれて、リスクの低い商品に 移行していく

という戦略であり、この考え方のもとにポートフォリオを組む場合、先ほどの図に具体的な商品を当てはめたものが右の図です。

上からリスクの低い順で配置しています（A,B,C,Dのアルファベットは特定の銘柄を示すものではなく、単純にナンバリングです）。

2 資金量が少ない時にはリスクを取り資金量が大きくなればリスクを抑える

- 日本国債　定期預金
- REIT 等：REIT オフィス A、REIT レジデンシャル B・C、
  REIT　倉庫 D、インフラファンド A
- 日本株：高配当株 A.B、内需 C
- 外国株：米国内需株 A.B.C.D
- 外国債券：メキシコ 2 年、7 年、ブラジル 5 年、ロシア 4 年
- 株：成長株

▰▰▰ 逆ピラミッド型運用の具体例

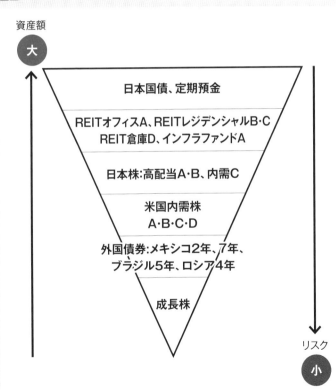

これは単にリスクが低い順に買っていけばいいというわけではなく、運用開始時は成長株、資産が５０万〜１５０万の間は外国債券、１５１万〜３００万の間は外国株、３０１万〜６００万の間は日本株、６０１万〜１２００万の間はREIT、１２０１万以降は日本国債というように、**２０００万円の目標を達成するまでに、リスクが低くなるごとに資産の配分も多くしていくということです。**

このようなポートフォリオの組み方をしておけば、仮に株などの価格変動リスクが高い商品を入れていても、全体の割合としては少ないので、トータルで見ればダメージは少なく済みますし、運用する商品も分散できているので、ポートフォリオ全体を安定させることができます。

「ヘッジ」はかけなくていい

もう一つ別のポイントとして、**どのような組み方にしても「円資産を半分入れる」という点を意識した方がいいでしょう。**外国債券や外国株は個別の値動き以外にも、出した利益を日本円に交換する際に為替レートの影響を受けます。これを**「為替変動リスク」**といい、場合によっては利回りがプラスでも、その利益が目減りしてしまう可能性があるのです。

ポートフォリオに円以外の通貨で決済される金融商品が増えれば増えるほど、為替変動リスクが高まります。

そのための対策として、FXなどをつかって「ヘッジ（為替変動リスクに対応するための方法）」を行うケースもあります。ただし、これは年金ファンドなど、資金が大きな運用者には必須ですが、個

2 資金量が少ない時にはリスクを取り
資金量が大きくなればリスクを抑える

////// 運用商品を切り替える際の資産額目安

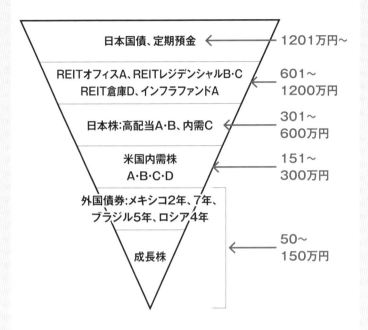

日本国債、定期預金	1201万円〜
REITオフィスA、REITレジデンシャルB・C REIT倉庫D、インフラファンドA	601〜 1200万円
日本株：高配当A・B、内需C	301〜 600万円
米国内需株 A・B・C・D	151〜 300万円
外国債券：メキシコ2年、7年、 ブラジル5年、ロシア4年 成長株	50〜 150万円

上記はあくまで一例ですが、このような資産配分のやり方であれば、高リスク資産が大きく値下がりしたとしても、ポートフォリオ全体を安定させることができます

人レベルではただ利回りが下がるだけであまりメリットがありません。その代わりに、円資産を半分以上組み込むことで間接的にヘッジ効果を得ることができます。

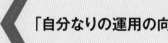

「自分なりの運用の向き合い方」を確立する

　また、先程の例はあくまで基本形なので、もし「多少リスクを取って、利回りを上げたい」と考えるのであれば、日本株・外国株等でキャピタルゲインを狙える銘柄に変更しましょう。反対に「よりリスクを抑えて、安全に運用したい」という場合は、高配当株やREIT・インフラファンド等の割合を増やせばよいでしょう。

　再三ですが、先ほどの例はあくまで「軸」になる考え方を提示したものです。**人のやり方を真似することも状況によっては必要ですが、資産運用で成功している人は共通して「自分なりの運用の向き合い方」を確立しています。**

/////// **目標から逆算して、運用商品を組み合わせる**

●よりリスクをとって、利回りを上げたい場合

➡日本株・外国株等でキャピタルゲインを狙える商品を組み込む

●安全に運用したい場合

高配当株・REIT・債券などの割合を増やして積み立てる

3 「どんな構成で組むか」も重要だが、ただ組めばいいという話でもない

相場の変化に応じてポートフォリオを調整し運用する

さて、先ほどポートフォリオをどのように組んでいくかの一例を解説し、皆さんそれぞれで組み入れる商品はある程度決まってきたかと思います。

基本的には組み入れる予定の商品に毎月一定額を積み立てていけばよいですが、ただ、あらかじめ決めたものを額面通りに買っていくだけでは「資産運用」というには、少し不十分です。

というのも、どの商品でも価格に変化はありますし、**株式なら株式市場、債券なら債券市場と、個別の銘柄も当然相場の影響は受けます。そうした相場の変化に応じてポートフォリオを調整しつつ対応するのが、本当の資産運用なのです。**

例えば、先ほどの例の中に国債を入れましたが、2021年3月現在の状況を考えると、特に先進国の国債は利回りがほとんど期待できません。そのため、国債の利回りが戻ってくるまでは、運用する資金をほかの商品に振り分けるといったことも必要です。

また、毎月一定額の積み立てを基本的なスタンスとしながらも、2020年3～4月にREIT価格の下落によって利回りが非常に高くなったという事例があったように、数年に一度起こるような大相場では買い付ける額を増やすといった対応を取ることで、ポートフォリオ全体の利回りを高めることができます。

　利回りを重視する資産運用なので、頻繁な売買は行う必要はありません。ただ**「運用する商品を決めたら終わり」ではなく、相場の変化が起きた際に柔軟に対応できるようにしておきましょうという話です。**

相場の変化に対応できるようにする

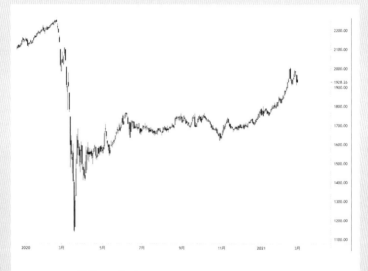

REIT指数の日足チャート
コロナショックによる下降で、利回りが大きく上昇したREITも多くあった。
こうした局面では買い付け額を増やすというのも、運用の形の一つだ

3
「どんな構成で組むか」ももちろん重要だが、ただ組めばいいという話でもない

096

「考えない」資産運用はありえない

　また、**相場の状況に合わせて都度調整しながら運用していくには「知識」が必要です。**「組み方の例」を出すと、なんとなく「Bコミが選んでいるから正しいのだろう」と考えてしまいがちです。

　しかし、そこで鵜呑みにせず**「なぜ、この商品を選んだのか」、その理由を一度立ち止まって考えてみるべきです。**例えば外国債券の一例としてメキシコ債を入れています。これは国債の中でも比較的利回りが高いからですが、逆に、メキシコ債を買うことでなぜ高い金利を得られるのでしょうか?

　それを知るためには、国際社会の中でのメキシコの立ち位置や、経済状況、中央銀行の金融政策などを深堀りする必要があります。

　他の商品を含めて、私は運用する金融商品に対して「組み込むべき理由」を分析し、適当と判断できたものだけをポートフォリオに入れます。

　つまり、「誰かが○○を買いだと言っていた」という理由で商品を選ぶことは決してないわけです。私はプロなので、当然と言えば当然ですが、皆さんにもこのように「考える」資産運用を行ってほしいのです。

　3章で基本的な商品ごとの特性は説明しましたが、これはあくまで簡易的な解説です。

　皆さんには資産運用と平行しながら、それぞれの商品の特性や、各国の経済状況などを深堀りしながら「自分の資産を運用するプロ」として、成長してもらえることを期待しています。

①自分にどのような資産運用が必要なのかを知る

➡️「目標額」「運用に回せる資産」「運用できる期間」などを明確にする

②目標を達成するための方法を考える

➡️資産シミュレーションなどを活用
- ●毎月どの程度の額を積み立てる必要があるのか?
- ●年間でどの程度の利回りを出す必要があるのか?
- ●どのような商品を運用していけば良いのか?

③運用する商品ごとの特性を知る

➡️「人に勧められたから買う」はNG
- ●高配当銘柄であれば、過去の配当実績、業績等
- ●REITであれば、そもそもの仕組みや、単一型・複合型の違いなど

④必要な商品を段階的に運用し、ポートフォリオを組む

➡️逆ピラミッド型運用

⑤定期的な積み立てを基本としつつ、相場環境に合わせて運用を行う

➡️それぞれの商品ごとの特性や、相場・各国の経済状況などを深掘りして成長していく

5章

タイプ別ポートフォリオを
Bコミがアドバイスします

ポートフォリオの組み方を 6つのタイプ別に 解説します

基礎から一歩踏み出せるように アドバイスします

　4章までで資産運用に必要な考え方や商品の選び方など、基本的な部分を解説してきました。

　とはいえ、前述の通り65歳までに2000万円を資産運用で達成する目標は共通しているといっても、皆さんそれぞれの属性（年齢、家族構成、世帯年収）が異なります。そのため、先ほど解説してきたような基礎的な部分をしっかりと身に着けたうえで、自分なりの運用のやり方を突き詰めていく必要があります。

　自分で試行錯誤を繰り返しながら、資産だけでなく、運用の知識も積み上げていく。これが本来あるべき資産運用の理想的な形だと考えています。ただ、一方で4章までの基礎的な内容から、もう一歩踏み込んで、より具体的なポートフォリオの組み方を考える際のヒントをお伝えできればと考えています。

　本来であれば皆さんのお話をじっくりと聞いて、一人一人にポートフォリオの組み方をアドバイスできるのが理想です。ただ、紙面スペースにも限りがあるため、ここではそれぞれ属性の異なる6名

に私がアドバイスをする形で、ポートフォリオをどのように組めば
よいのかをお伝えしたいと思います。

◀ 全て「65歳時点で2000万円達成」が 最終目標

　次のページからタイプ別ポートフォリオ診断が始まりますが、前
提として、6つのタイプそれぞれが「65歳までに2000万円を
達成」という目標は共通しています。

　ただ、職業や年齢、世帯年収など条件は異なるので、目標は同じ
でも資産運用に対するスタンスはかなり違ってきます。読者の皆さ
んそれぞれで状況は異なると思いますが、それでも、6つのタイプ
のうち、自分と状況が近いものは少なからずあるかと思います。

　私からのアドバイスをすべて鵜呑みにする必要もありませんが、
少しでも取り入れられそうな要素があれば、是非積極的に採用して
みてください。
　また、年齢や世帯年収等の属性があなたと離れたタイプであって
も、目標達成のための考え方は参考になるはずです。
「短い運用期間しか取れない場合はどのように組むのだろう？」
　といった思考訓練にもなるので、是非参考にしてみてください。

タイプ1　Aさん

プロフィール

● 年齢／性別：28歳　女性
● 職業：契約社員
● 配偶者：なし（実家暮らし）
● 投資経験：2年
● 運用可能金額：月15万円

世帯年収	420 万円

資産運用を始めようと思っている理由

　2年前に「つみたてNISA」を知り、そこから投資に色々と興味を持ち、現在はつみたてNISAを使ってバランス型の投資信託に毎月1万円を積み立てています。後は投資信託以外にも手を出したいなと考えて、資産運用に興味を持ちました。実家暮らしなので投資に回せる金額は結構ありますが、運用知識がないので、まとまった額を一気に投資するのは怖いなと感じています。

どんな投資がしたいか

　老後2000万円問題が心配なので、当面は65歳までに2000万円を目標に資産運用を続けていきたいと考えています。それに当たって、すでにつみたてNISAの運用分は年1％程度の利回りがありますが、もう少し増やすにはどうすればいいでしょうか？デイトレードなど、あまり頻繁な売買は考えていないので、長いスパンで無理なくチャレンジできる運用方法が知りたいです。

Bコミからのアドバイス

資産積み上げのイメージ

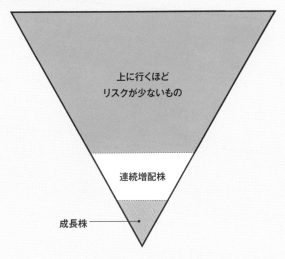

上に行くほど
リスクが少ないもの

連続増配株

成長株

　年齢がお若いのにしっかりした考え方をお持ちなので、素晴らしいと思います。投資に回せる資金も十分あるようですし、あと2万円追加し月3万円の積み立て運用を行えば、年利2％の利回りで十分目標を達成できるでしょう。一つ提案として、ピラミッドの下側には比較的リスクの高い商品を入れるのも良いかもしれません。例えば一番下はマザーズ銘柄などの成長株、その上は連続増配株などが候補でしょう。投資信託などと比較すると少しリスクが上がりますが、株式を使った資産運用の経験を積んでおくと、銘柄選定の技術も向上しますし、利回りを高めることにもつながります。投資信託への1万円の積み立ては継続してもらい、残りの2万円はつみたてNISAの枠などを使って成長株等に振ってみてください。

タイプ2 Bさん

プロフィール

● 年齢／性別：33歳　男性
● 職業：会社員　営業
● 配偶者：あり　子ども　2歳・4歳
● 投資経験：なし
● 運用可能金額：月3万円

世帯年収	600 万円

資産運用を始めようと思っている理由

　コロナの影響で在宅勤務の導入や、お客さまへの訪問営業が削減されました。

　来年度からは年収400万円程度が予想されており、収入面で不安があります。一方で従来よりも空き時間が多くできたこともあり、まずは勉強しながら将来を見定めて資産運用を行い、副収入に繋げたいと考えています。

どんな投資がしたいか

　今はまだどこから手を付けていいかわからない状況です。資産運用をやるからには現物株の売買などにもチャレンジして大きな利益を狙ってみたいです。

　ただ、そうした取引には相応のリスクもあるかと思いますし、長期的に見れば株の配当や国債などで利回りを重視する運用が良いのかなとも考えています。

Ｂコミからのアドバイス

資産積み上げのイメージ

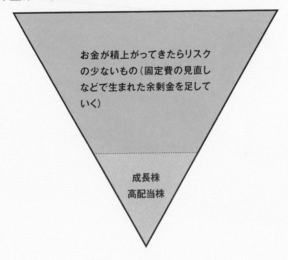

お金が積上がってきたらリスクの少ないもの（固定費の見直しなどで生まれた余剰金を足していく）

成長株
高配当株

　資投資未経験ということなので、まずは「運用知識の積み上げ」を目指しましょう。積み立て金額が少ないうちは個別株などを運用してみて、損と利益のケーススタディを重ねることで運用の知識が蓄積されます。６５歳までに十分期間がとれるので、最初の２〜３年で損失が出ても、大きな視点では問題ありません。ただ、年利２％、３２年の運用期間でシミュレーションすると、月に３７０００円の積み立てが必要です。子育ての状況次第だとは思いますが、パートナーの復職や、携帯代や保険などの固定費を見直すなどで積み立て金額を確保するようにしてください。

　そうして資金がある程度積みあがってきたら、インカム狙いの運用にシフトしていく戦略がよいでしょう。

タイプ3 Cさん

プロフィール

- 年齢／性別：41歳　男性
- 職業：IT 関連企業　管理部門
- 配偶者：なし
- 投資経験：なし
- 運用可能金額：10万円

世帯年収	500 万円

資産運用を始めようと思っている理由

　最近の株式相場はニュースなどでも取り上げられていて、高値をどんどん更新しているらしいので、投資をするなら今がチャンスだと思ったからです。

　大手企業に勤めていますが、コロナ禍ということもあり将来が安泰とはとても考えられません。今後も継続して働くとしても自分の力で稼ぐことのできる副収入を得たいと考えています。

どんな投資がしたいか

　500万円ほど貯蓄があるのですが、銀行預金でつく金利は本当に少ないので、最低条件として「銀行預金以上の利回り」を出せればいいかなと思います。株式投資にも興味があり、今が上昇相場だと聞いたので値上がりを狙った投資もやってみたいと考えています。ただ、運用資金が減るのは嫌なので、リスクを抑えつつ利益を得られる銘柄選びのコツも知りたいです。

Bコミからのアドバイス

資産積み上げのイメージ

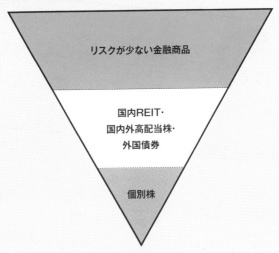

リスクが少ない金融商品

国内REIT・
国内外高配当株・
外国債券

個別株

　独身で教育費などの固定費もかからないでしょうし、他の方と比較すると余裕をもって資産運用に取り組めるかと思います。

　そのため意欲があるのであれば、資産運用のスタート段階で貯蓄の中から２００万円ほど個別株にチャレンジするのもアリです。

　運用経験も全くないので、おそらく損する可能性は高いですが、損失と利益のケーススタディを積み上げることで、今後の運用にも十分活きてきます。

　Ｃさんの場合、資産積み上げの目安は月に５４０００円です。こちらも平行して進めていただき、最初の２～３年は個別株を中心に、慣れてきたら連続増配株、その上は国内REIT・国内外高配当株・外国債券を三等分する作戦でポートフォリオを作っていきましょう。

タイプ4　Dさん

プロフィール

- ●年齢／性別：44歳　女性
- ●職業：大学非常勤講師
- ●配偶者：あり　子ども　4歳・10歳
- ●投資経験：なし
- ●運用可能金額：月20万円

世帯年収	**1100** 万円

資産運用を始めようと思っている理由

　私は現在は非常勤で働いていていていますが、国家資格を複数持っていることから今後も仕事には困らないと考えています。ただ、夫は一部上場企業で勤務していますが、早期退職の可能性もありますし、定年までこの世帯年収を100％確保できるかどうかはわかりません。幼い子どももいるため教育費など考えると、いくらかでも資産運用を始め、将来への備えをしておきたいと思っています。

どんな投資がしたいか

　株などの売買にも興味はありますが、それ以上に資産を失うリスクの方が気になってしまいます。家族や老後のことも考えると、長期的にコツコツと増やせるような運用を重視したいと思っています。銀行などでは投資信託を勧められますが、このような商品を買っていけばよいのでしょうか？　なにぶん、資産運用の知識がないので、一歩踏み出せないでいます。

Bコミからのアドバイス

資産積み上げのイメージ

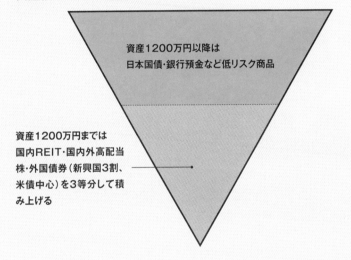

資産1200万円以降は
日本国債・銀行預金など低リスク商品

資産1200万円までは
国内REIT・国内外高配当
株・外国債券（新興国3割、
米債中心）を3等分して積
み上げる

　Ｄさんの場合、月々６４０００円の積み立てが必要です。運用可能
金額からすると問題ないかと思うので、できれば今すぐ運用をスター
トしてください。戦略については最初からインカム性の高い商品を中
心にポートフォリオを組んでいきましょう。具体的には「高配当株」
「外国債券（新興国債３割、米国債７割）」「国内REIT」の３つです。
積み上げ金額が1200万円までは、この組み合わせでしっかり利回りを
確保してください。以降は預金や日本国債など低リスクなもので積み
立てていきましょう。

　ただし、現状共働きで比較的余裕のある世帯年収を確保できている
部分もあるでしょうし、パートナーとお互いの働く期間についてしっ
かり話し合ってください。

タイプ5　Eさん

プロフィール

● 年齢／性別：48歳　男性
● 職業：製造業プランナー
● 配偶者：あり　子ども　18歳・21歳
● 投資経験：あり
● 運用可能金額：5万円

世帯年収	700 万円

資産運用を始めようと思っている理由

コロナの影響でボーナスが無くなり、月々の給料も減額されることになりました。できれば60歳、遅くとも65歳までにはリタイアしたいと考えています。

個別株で投資の経験はありますが、老後の生活を考えると、銀行預金では利息が付かないですし、積極的に運用を行うことでさらに資産を大きく増やしていきたいと考えています。

どんな投資がしたいか

これまでは現物購入だけでしたが、コロナ禍で暴落するという情報をよく聞きますし、暴落時に売って利益の出る信用取引を始めてみたいと考えています。

一方でそうした取引はリスクが大きいことも理解しているので、老後に必要な生活資金を確保する意味でも、別口で長期的な利回りを受けられる運用のやり方も知りたいです。

Ｂコミからのアドバイス

資産積み上げのイメージ

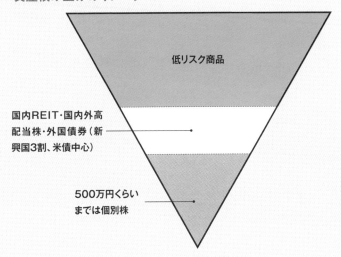

低リスク商品

国内REIT・国内外高
配当株・外国債券（新
興国3割、米債中心）

500万円くらい
までは個別株

　あと数年でお子さんが独立するようなので、教育費をそのまま運用
資金に回して増額しましょう。Ｅさんの場合、月々82000円の積
み立てが必要です。十分な退職金がある場合は別ですが、できれば継
続雇用なども活用して極力長く働き、運用資金を確保してください。

　運用戦略について個別株の売買は否定しません。やるとしても、資
産が500万円に積み上がるまでのチャレンジに留めておきましょう。
以降、資産が増額できるタイミングで損を出すと、それを補填する必
要が出てきます。また、空売りについてはそもそもNGです。逆ピラ
ミッド型のポートフォリオは時間をかけて運用していくもので、短期
の考え方を入れる必要はありません。

プロフィール

- ●年齢／性別：59歳　男性
- ●職業：情報サービス業　営業企画部
- ●配偶者：あり　子ども　24歳・28歳（独立済み）
- ●投資経験：なし
- ●運用可能金額：月に20万円

世帯年収	**950** 万円

資産運用を始めようと思っている理由

　退職を数年後に控え、退職金＋貯蓄である程度老後資金は賄えます　し、住宅ローンの返済も完了しているので、できるならばもっと余裕　を持たせたいと考えています。

　そのため資産運用も視野に入れていますが、どの商品が安全かそう　でないかがわからないですし、よくある資産運用の成功例を見ても、　自分が同じようにできるかは自信がありません。

どんな投資がしたいか

　そもそも資産運用自体が初心者なので、何から手を付けていいかが　わからない状態です。年齢もそれほど若くないので、リスクのある商　品を買って大きく損をするよりも、今ある資産を守りつつ、増やせる　機会があればコツコツと運用していくのが向いているのかなと考えて　います。こうした運用方針に適したやり方があるならば、知りたいで　す。

Bコミからのアドバイス

資産積み上げのイメージ

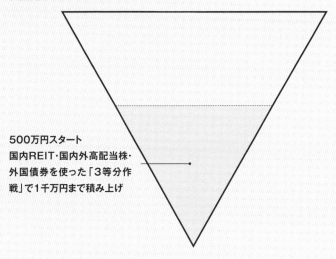

500万円スタート
国内REIT・国内外高配当株・
外国債券を使った「3等分作
戦」で1千万円まで積み上げ

　まず、「ローン完済」「世帯年収に比較的余裕がある」という点から
状況としては恵まれています。ただし、65歳を目標にすると、運用
期間が6年しか取れないので、利回りで増やす運用のやり方が機能し
ません。そのため、2000万円を0から積み立てる戦略ではなく、
最初からある程度大きな額（できれば500万円くらい）を一気に入
れ、1千万円を目標に月々10万円程度積み立てて、それを繰り返す
運用方法が適しています。商品について基本的には「国内REIT・国
内外高配当株・外国債券」を中心に運用し「定期預金の利回りを上回
る」ことを目標としてください。他の方で紹介してきたようなリスク
が高い商品を組み込んでしまうと、必ず欲が出て失敗するので、あく
まで「減らさない」ことを中心に運用を考えた方がいいでしょう。

タイプ6　Fさん

113

ポートフォリオについてのまとめ

　この章では、ポートフォリオの組み方を、個人の属性によった6つのタイプで解説してきました。人によって現在の資産状況が違うのはもちろんですが、年齢や性別、既婚と未婚といった属性によって収入や必要なコスト、資産形成までの期間が変わってくるのは当たり前なので、その人に合ったポートフォリオをきちんと組む必要があります。

　この6つのタイプのどれかに近い状況の方であっても、微妙に違う点はあるかと思いますので、そのまま真似するのではなく、自分にとって合う点、合わない点をきちんと考えてみましょう。また、読者の中にはこの6タイプのどれにも自分は当てはまらないという方も少なからずいると思います。

　ですので、**ここで提示したタイプの中から自分にいちばん近いタイプを見つけて、投資へのイメージをしていただければと思います。**自分に近いタイプをもとに、自分の状況を整理してアレンジし、将来的に必要な資産を形成できるようなポートフォリオを考えてみましょう。

　さて、次の章からは、目的に合わせたいろいろな商品についてもう少し詳しく説明していきます。そして実際にどのように運用していけばよいのか、メリットやデメリットも解説します。具体的な情報を得ることで、資産運用のイメージを具体的に膨らませられたらと思っていますので、自分に合うのはどれだろう、と考えながら読んでみてください。

6章

目的に合わせた
様々な商品や対策

日本円の現金を違う形にして資産運用する

1

「お金」を「モノ」に換える資産運用

　本章では、資産運用に用いられる様々な商品や対策を目的別に紹介していきたいと思います。

　最初にご紹介するのは「実物資産への投資」について。簡単に言えば、**「お金」を「モノ」に換えることを通じて資産を運用する手法**です。もちろん、モノは何でもよいわけではなく、そのものに一定の価値がなければなりません。

　最も代表的な例が「金」、つまりゴールドです。地球上に存在する金の量はわずか２３万ｔ、そのうち採掘可能なものは約１７万ｔに過ぎないと言われています。このように量が限られており、かつ需要（宝飾品や投資用など）が存在し続けるということはすなわち、**金が無価値になることは理論上あり得ない**ということです。

　これこそが、実物資産への投資の最大の特徴です。**株式や債券のように価値が暴落したり、経営破綻などによって無価値になったりするリスクがない**のです。また、インフレに強いという特徴もあります。インフレは、モノの価値が上がる＝現金の価値が下がる現象なので、金の価値は相対的に上昇するわけです。

　ただ、あくまでモノであるため、利息や配当を生むことはありません
し、盗難のリスクがあるというデメリットもあります。

　不況時や紛争・テロの発生などで地政学リスクが高まった時など、
株式・債権市場が下落するような情勢下では、安全資産である金は
むしろ値上がりする傾向にあります。リスクを取ってリターンを狙
う「攻め」の運用資産が大きく目減りするような状況でも、金を持
っておけばそのマイナスをカバーできる。**金投資は、いわば「守り」**
の資産運用として機能するのです。

　金投資の方法としては、貴金属メーカーや地金商から金貨・金地
金（インゴット）を購入するほか、積立金額に応じて自動的に金地
金を買い付けていく「純金積立」などがあります。

金投資によるメリット・デメリット

メリット	デメリット
・無価値になることは 理論上あり得ない ・インフレに強い	・盗難 ・利息や配当は生まない

30年間値下がりなし！ 投資商品としての「アンティークコイン」

　１００年以上前に発行された希少なコインである**「アンティーク**
コイン」もまた、実物資産の一つです。金と同様に、量が限られて
おり、かつ根強い需要（コレクターの存在）があるため、資産運用
に用いることができます。

　日本での認知度はまだ低いですが、欧米ではアンティークコイン
の収集や投資は老若男女を問わず広く親しまれており、街のあちこ

ちでコインショップを見つけることができます。コインコレクター
は世界に３００万人以上いるとされており、その約半数が、アメリ
カやユダヤ系の資産家・投資家だと言われています。つまり、**アン
ティークコインは単なる美術品としてだけでなく、資産を守る術の
一つとして、世界の富裕層の間で脈々と受け継がれてきた**のです。

　イギリスを筆頭とする欧州や、欧州諸国の植民地だったインドや
ニューギニア、また古代エジプトや古代ギリシャなどのコインが人
気で、数百万円あるいは状態の良い希少品であれば数千万円もの高
値で取引されています。

　非常に興味深いのは、アンティークコインという投資商品全体
を年単位で見た時に、**この３０年間で一度も値下がりしていないこ
と。２００８年のリーマンショックに端を発する未曽有の金融危機
にも一切の影響を受けませんでした。金と同じく、有事に強い特性
がある**のです。

　それに加えて、値上がりが続く背景にはアンティークコインなら
ではの事情もあります。一つは、そもそも遥か昔の硬貨であるため、
供給量が増えることはまずなく、むしろ劣化や焼失などで減る一方
である（＝希少性が高まる）という点です。また、これだけ安定的
に値上がりしていることで、投資商品としての価値にあらためて注
目が集まり、人気は上昇中。需要と供給の両面から、アンティーク
コインの価格は右肩上がりとなっています。

　リスクとしては、持ち運びが容易なだけに紛失や盗難の可能性が
あること、偽物を掴まされてしまう可能性があることなどが挙げら
れますが、適切な管理の仕方、真贋の見極め方を知ることで回避
できるでしょう。コインの価値が暴落するようなリスクはかなり低
く、歴史を学びながら楽しく投資できるところは、アンティークコ

インの魅力です。

　売買の方法は、世界で年間６００回以上行われているオークションのほか、コインショップや、コレクターとの直接取引などがありますが、まずは専門家であるコインディーラーに相談するのがよいでしょう。

▰▰▰ アンティークコイン投資によるメリット・デメリット

メリット	デメリット
・この30年間で一度も 値下がり無し→有事に強い	・盗難・紛失 ・偽物を掴まされる可能性

◀ 為替の変動を利益に変える「外貨預金」

　「お金をモノに換える」発想に近いものとして、「日本円を外貨に換える」という考え方もあります。米ドルやユーロなど、外国の通貨で預金する**「外貨預金」**です。

　背景にあるのは、金利の違い。日本では長年にわたって低金利が続いており、銀行に預金しても利息はほとんどつきません。より金利の高い外国の通貨で預金することで、多くの利息を受け取ることができるようになります。

　ただ、**外貨預金において最も重要なのは為替レートです。**外貨預金では「日本円を外国通貨に交換して預入れ」「外国通貨を日本円に交換して払戻し」というプロセスを経るためです。

　例えば、１ドル１００円の時に１００万円をドルに交換して預金

したとします。預金額は1万ドルとなります。

　その後、円高に振れて1ドル90円となった場合、1万ドル＝90万円となり、10万円の評価損が発生します。

　反対に、円安に振れて1ドル110円となった場合、1万ドル＝110万円となり、10万円の評価益が発生します。

　円高の時に預入れ、円安の時に払戻しをすると、メリットが大きくなります。このように、為替レートの変動に合わせて預入れと払戻しを行うことで、資産を増やすことができるというわけです（多くの場合、円と外貨の交換の際には為替手数料がかかります）。

　もちろん、タイミング次第では元本割れのリスクがありますし、**日本の預金保険制度（銀行が破綻しても1000万円とその利息分までは返還が保証される）の対象外**となります。そのため、複数の外貨に交換する分散投資をするなどして、リスクの軽減に努める必要があります。

　外貨預金の方法はシンプルで、まずは銀行で日本の口座と外貨預金の口座をそれぞれ開設します。あとは自分の好きなタイミングで預入れ・払戻しをするか、または期間に定めのある外貨定期預金を活用したり、定期的に一定金額を自動的に預入れしていく外貨自動積立サービスを活用するなどの方法があります。

◤◢◤ 外貨預金によるメリット・デメリット

メリット	デメリット
・方法がシンプル	・場合によっては元本割れのおそれ ・日本の預金保険制度（銀行が破綻しても1000万円とその利息分までは返還が保証される）の対象外

2 節税効果も期待できる資産運用法

> ## ◀ 不動産投資には意外なメリットも

　資産運用には、お金を増やすだけでなく、節税効果をも期待できる方法がいくつかあります。それぞれの概要、メリットとデメリットについてご説明します。

　その1つ目が、**不動産投資**です。

　不動産投資とは、不動産物件を購入して第三者に貸し出し、その家賃を回収することで利益を得る投資方法を指します。入居者が定着しさえすれば、長期的に安定した収益が見込めます。

　物件を安く買って高く売ることで売却益（キャピタルゲイン）を狙う手法もあります。不動産価格が上り調子だったバブル期などには有効でしたが、現在では家賃収入（インカムゲイン）を狙う投資のほうが主流となっています。

　一般に「区分マンション投資」と「一棟買い投資」の2種類があり、マンションの1室のみを購入して貸し出す「区分マンション投資」は、購入代金や維持費が安く済むメリットがある一方で、収益も限定的。一方、アパートやマンションを丸ごと1棟購入して貸し

出す「一棟買い投資」では、初期費用や維持費が高額になりますが、家賃収入も大きくなります。そのほかに、戸建てや駐車場経営といった選択肢もあります。

　不動産投資に伴うリスクとしては、次のようなものが挙げられます。

　1つ目は、一定の初期費用が必要で、固定費・運用費がかかるというコストの面。2つ目は、空室リスクです。入居者が安定して住み続けてくれればよいですが、空室の状態が続くと、維持費だけがかさんでいく事態に陥る可能性があります。

　また3つ目として、不動産価値の下落と、それに伴う家賃の低下があります。適切な管理を心がけても建物の老朽化は避けられず、不動産自体の資産価値が下がるとともに、家賃の値下げの必要も出てくることになります。

　それ以外には、ローン返済額を押し上げる要因となる金利変動リスクや、物件が台風や地震などによって被害を受ける天災リスクなどがあります。

　一方で、不動産投資には意外なメリットもあります。

　例えば、生命保険の代わりになるということ。**オーナーが亡くなった場合、「団体信用生命保険（団信）」が適用されることで、住宅ローンの残額の支払いが免除されます。**そうなると投資物件が残り、入居者さえいれば家賃収入が遺族に入ってくることになり、経済的な助けになるのです。もちろん、物件を売却するという選択肢もあります。

　次に**節税効果**です。不動産を購入した初期の段階では、不動産所得は、家賃収入がまだ少ないことや減価償却費などによって赤

字となることがほとんどでしょう。仮に本業でサラリーマンをしていて給与所得がある場合、その給与所得は不動産所得との損益通算が可能です。つまり、**不動産所得の赤字分だけ、給与所得の圧縮ができ、それにかかる所得税や住民税が節税できる**のです。

また、オーナーが亡くなった際に発生する相続税についても、現金の形で資産を持っておくより、不動産として保有しておくほうが、支払う税金は安くなります。

初期費用の面から「不動産投資は自分には難しい」と感じる方が多いかもしれませんが、金融機関からの融資を受けることでクリアできる可能性があります。個人の属性だけでなく、物件や投資の採算性などが加味されて審査されます。融資をうまく活用することができれば、たとえ自己資金が少なくても不動産投資をすることは決して不可能ではありません。

不動産投資によるメリット・デメリット

メリット	デメリット
・入居者次第で長期的に安定した収益が見込める ・オーナーが亡くなった場合、「団体信用生命保険（団信）」が適用されることで、住宅ローンの残額の支払いが免除される ・不動産所得の赤字分だけ、給与所得の圧縮ができ、それにかかる所得税や住民税が節税できる	・一定の初期費用が必要 ・空室の状態が続くと、維持費だけがかさんでいく事態に陥る可能性 ・老朽化にともなう不動産価値の下落と家賃の低下

収益安定性が魅力の太陽光発電投資

　土地や屋根に設置した太陽光パネルなどの発電システムから作り出した電気を、電力会社に買い取ってもらうことで売電収益を得るのが、**太陽光発電投資**です。

　２０１２年度に、再生可能エネルギーで発電した電力を一定期間、固定価格で電力会社が買い取ることを義務付ける「固定価格買取制度（ＦＩＴ制度）」がスタート。住宅用太陽光（１０ｋＷ未満）の場合、買取期間は１０年間。事業用太陽光（１０ｋＷ以上）の場合は２０年間です。売電価格は、当初は１ｋＷｈあたり４２円（住宅用の場合）に設定されていましたが、年々減少していき、２０２２年度は１７円となっています。つまり、２０２２年に売電を始めた場合、１０年間にわたって１ｋＷｈあたり１７円での買取が保証されるということです（事業用の場合）。

　昔に比べて随分と条件が悪くなっているように見えますが、これには、太陽光発電の普及とともに初期費用が抑えられるようになってきたことを反映している側面も。実際、太陽光発電の導入費用負担は減少傾向にあり、設備の性能も向上しています。**太陽光発電投資の平均的な利回りは７～１０％ほどと言われています。**

　メリットとして最も大きいのは、やはり**ＦＩＴ制度**の存在でしょう。一定価格で、１０年間または２０年間にわたり電力を買い取り続けてくれることが国によって保証されているため、収益安定性に非常に優れた投資と言えます。そうした収益安定性により、初期費用をまかなう際に金融機関からの融資を受けやすいのも特徴です。

また、メンテナンスが比較的容易であることや、社会情勢の影響を受けにくいこともメリットに数えられます。

　太陽光発電を導入することは、**法人や個人事業主の節税にもつながります。**設置した太陽光発電は「減価償却資産」として扱えるため、設置費用を法定耐用年数の１７年間に分配して経費として扱うことができます。また、初期費用にかかった消費税と、売電した際に受け取った消費税の差額について還付を受けることも可能です。ただし、課税事業者になる必要があるなど、トータルで損得を計算する必要があるため慎重に検討しましょう。

　一方で、ＦＩＴ制度の買取期間が終わると売電価格が下がると予想されることや、太陽光パネル周辺の雑草対策やケーブルの盗難対策が必要なこと、天候不順による発電量の低下などといったデメリットに目を配っておくことも必要です。

太陽光発電投資によるメリット・デメリット

メリット	デメリット
・平均的な利回りは7〜10%	・FIT制度の買取期間が終わると売電価格が下がると予想される
・一定価格で、10年間または20年間にわたり電力を買い取り続けてくれることが国によって保証される	・天候不順による発電量の低下
・メンテナンスが比較的容易	・パネル周辺の雑草対策やケーブルの盗難対策
・設置費用を法定耐用年数の17年間に分配して経費として扱うことができる	

シイタケがお金を生む 「コンテナファーム投資」

「**コンテナファーム投資**」なるものが存在することをご存知でしょうか。

これは、京都府に本社を置くテンフィールズファクトリー株式会社が販売しているもので、菌床椎茸とリーファーコンテナ（冷凍・冷蔵貨物の輸送に使用される特殊コンテナ）に投資をします。同社はそのコンテナ内で椎茸を栽培し、生産物を販売。利益をオーナーに還元します。

スキームをもう少し詳しく見ていきましょう。

まず、コンテナオーナーとなる際の出資金額は１５００万円ほど（コンテナユニットおよび工事費、初回菌床１式）。菌床とは、オガクズなどの木質基材に栄養源を混ぜて作られるもので、菌床栽培では原木栽培の１０倍以上の生産量が見込めます。菌床の価格は１個１７０円程度。これを２５００個購入します。

菌床はコンテナ内に収納され、同社スタッフによって椎茸が栽培されます。温度や湿度を管理できるため、天候に左右されることなく大量の椎茸を安定して生産・販売することが可能です。

ところで、なぜ栽培するものとして椎茸が選ばれているのでしょうか。もちろんきちんとした理由があります。**椎茸は価格変動がほとんどない農作物で、年間を通して１kgあたり９００〜１０００円で推移しています。**日本人にとって最も馴染み深いキノコでもあり、需要が安定しているのです。

一方で、日本の農家は激減し、供給元は減り続けています。中国

からの輸入に依存することになりますが、そのほとんどが乾燥品。日本ブランドの生椎茸は希少であり、将来にわたって安定的な販売収益を期待できることから、椎茸が投資商材としてピックアップされたわけです。

菌床は２カ月に１回交換され、この時に使い終わった菌床を同社が買い取ります。買取価格は１個３８０円で、購入した時（１７０円）の２.２倍です。

買取価格の年間総額をざっと計算すると、３８０円×２５００個×年６回＝５７０万円。ここから菌床購入費用２５５万円（１７０円×２５００個×年６回）と管理費１６２万円を差し引いた１５３万円が、コンテナオーナーの年間収益となります。１０年間で初期費用を回収できる計算です。コンテナオーナーは同社と２０年間の菌床買取契約を結ぶため、高い利回りを確保できます。

この投資のリスクとして、最近注目されてきた新しい投資なので実績が少ないこと、また個人向け融資が難しいことがあげられます。

コンテナファーム投資（シイタケ）によるメリット・デメリット

メリット	デメリット
・大量の椎茸を安定して生産・販売することが可能 ・日本ブランドの魅力	・新しい投資で実績が少ない ・個人向け融資は期待できない

全額経費化で節税しながらゴルフシミュレーターに投資する

ゴルフシミュレーターを使った投資もあります。中小企業などに

とっては、節税効果も期待できる投資の一つです。

　大まかな手順としてはまず、最新のゴルフシミュレーター機器を購入、駅前などにあるゴルフ室内練習場の運営会社と業務委託契約を結んだうえで、購入した機器を店舗に設置します。その店舗がユーザーから受け取るレッスン料や設備利用料の一部から毎月還元を受けることで、機器のオーナーが収益を得る仕組みです。

　日本におけるゴルフの市場規模はピークだった９０年代初頭に比べて縮小していますが、近年は新たな動きが出始めています。これまで２０〜４０代にゴルフが敬遠されてきたのは、「お金がかかりそう」「練習場に行くのが大変」といった理由が中心でした。それらの経済的・心理的なハードルを取り除く新たな業態として、ゴルフシミュレーターを導入した室内練習場が駅近に登場。急速に数を増やしているのです。

　ゴルフシミュレーターの価格は１台あたり数百万円。通常であれば、法定耐用年数３年で減価償却費を計上していくことになります。**ところが、中小企業経営強化税制（Ａ類型）を活用することで、即時償却または取得価額の１０％（資本金３０００万円超１億円以下の法人は７％）の税額控除を選択適用**することができます。減価償却ではなく即時償却とすることで節税効果を早い段階で得ることができますし、税額控除を選択すれば、節税メリットを直接的に受けられます。どちらを選ぶべきかは税理士などに相談するとよいでしょう。

　ゴルフシミュレーターに１０００万円を投資すると、期待できるリターンは７年間で約１９００万円に上るといいます（１台あたり会員数が４０人と想定）。購入費を全額損金にすることによる節税

効果も加味すれば、かなり妙味のある投資と言えそうです。

　運用終了後は、練習場の事業者に機器を買い取ってもらうか、または自宅や会社に設置して利用するのも手です。4ｍ×6ｍほどのスペースさえあれば設置でき、福利厚生の一環として有効活用することもできます。

　1000万円未満と比較的少ない元手から始められる点も、ゴルフシミュレーター投資の特徴と言えます。

　ゴルフシュミレーター投資のリスクとしては、シイタケのコンテナファーム投資と同様に、新しい投資なので実績が少ないことと、今後のゴルフ人気に影響される、といったところがあげられます。

ゴルフシミュレーター投資によるメリット・デメリット

メリット	デメリット
・4ｍ×6ｍほどのスペースで設置可能 ・比較的少ない元手（1000円未満）から始められる ・節税効果が高い	・新しい投資で実績が少ない ・ゴルフの人気低下

高額なマシンも即時償却可能なマイニング投資

　仮想通貨の取引を承認する作業は**マイニング**と呼ばれ、この**マイニングに対する報酬として仮想通貨が支払われます。**

　単独で行う「ソロマイニング」のほかに、複数のマイナーが協力

してマイニングする「プールマイニング」、マイニングをする企業に出資したり、マシンをレンタルして成功報酬を得たりする「クラウドマイニング」という方法もあります。

マイニングを行うには非常に高性能なコンピュータが必要となりますが、マシンを稼働させておくことで自動的に報酬を得られるのは魅力的です。

マシンが高額なため、どうしても初期費用は大きくなりますが、マイニング投資は節税につながる一面も持ち合わせています。

一般的にコンピュータは「器具備品」に税務上分類され、その経費は4年間かけて減価償却されます。

ただし、**中小企業経営強化税制により、経営力向上計画の認定を受けた事業者であれば、マイニング設備は全額即時償却または最大10％の税額控除を受けることができるのです。**投資額を全額経費とすることで利益を圧縮し、税金を少なくすることができます。

デメリットとしては、仮想通貨の今後の価格変動が読めないことや、ライバルとの競争が熾烈であること、マシン購入費だけでなく電気代などのランニングコストがかかることなどが挙げられます。

様々な企業が多様な投資スキームを提案しているため、自分に適したものをしっかりと見定めることが大切です。

▰▰▰ マイニングによるメリット・デメリット

メリット	デメリット
・投資額を全額経費とすることで利益を圧縮し、税金を少なくできる	・初期費用が大きい
	・仮想通貨の今後の価格変動が読めない
・マシンを稼働させておくことで自動的に報酬を得られる	・ランニングコストがかかる
	・ライバルとの競争が熾烈

3 少ない自己資金で実業に投資

インバウンド復活に期待
外貨両替機ビジネス

　ここでは、比較的少ない自己資金でも投資可能なビジネス（実業）について紹介していきます。

　1つ目は、**外貨両替機ビジネス**。両替機を購入・設置し、ユーザーが両替する時にかかる両替手数料を収入とするものです。

　まずは両替機を購入することでオーナーとなります。設置場所については自分で探すことも不可能ではありませんが、多くの場合、フランチャイズに加盟し、その本部に提案された設置場所の中から検討することになります。利用者の多さこそがこの事業のキーであるため、**外国人に人気のホテルや観光地、人通りが多い場所などを見つけだすことが非常に重要です。**

　設置後は、必要な保守管理業務のほとんどを運営会社が行うため、オーナーの仕事は特にありません。あとは利用状況などの報告を受けるとともに、売り上げの一部を収益として受け取ります。

　このように手間がかからないことや、ランニングコストも少なくて済むのは外貨両替機ビジネスのメリットです。

近年はコロナ禍により外国人観光客が激減しましたが、コロナの終息とともにインバウンド需要の復活が期待されています。政府は２０３０年における訪日外国人数６０００万人という目標を堅持しており、外国人観光客の増加に伴って両替機の需要も高まることが期待されます。

　キャッシュレス化が進みつつあるとはいえ、未対応の店での買い物など、**外国人観光客が現金を必要とするケースは依然として多い**のが現状です。また両替機が不足している場所もあるため、そうしたエリアで競合に先駆けて設置することで収益を高められます。

　デメリットとしては、今後のインバウンド需要がどうなるかに依存している点が挙げられます。政府の方向性と一致しているところは心強いものの、両替機の収益力は、外国人観光客の回復具合次第です。また、時間が経てば経つほど、良い設置場所はなくなっていきます。狭いエリアに複数の機器が並ぶことで市場を食い合ってしまう結果になる可能性もあるので、設置場所は早期に、かつ慎重に選定する必要があります。

外貨両替機ビジネスによるメリット・デメリット

メリット	デメリット
・設置後は手間がかからずランニグコストも低い ・政府の方向性と合致している	・場所選びが最重要 ・キャッシュレス化の進行

人気上昇中のトレーラーホテルに投資する

　タイヤが付いたシャーシの上に設置され、車で牽引することのできる小さな四角い建物のことをトレーラーハウスと呼びます。この**トレーラーハウスをホテルとして活用するビジネス**をご紹介しましょう。トレーラーホテルの最大のメリットとして、建築コストの大幅な削減があげられます。一般的なホテルの場合、地域にもよりますが１部屋あたりの建築費用はビジネスホテルで１０００万円、リゾートホテルで３０００万円ほど。これがトレーラーホテルなら、前者が３００～５００万円、後者が４００～１０００万円と、費用をかなり抑えることができます。もちろん、トレーラーといっても１３平米の広さにユニットバスやトイレ、キッチン、エアコン、冷蔵庫などの設備があり、快適性はホテルと変わりません。

　一般の建築物を建てるのが難しい場所に設置できるのも強みです。景観が良く、かつ競合もいない場所で事業を展開できる可能性があるのです。さらに、近年はキャンプやグランピングの人気が高まっていることも追い風です。

　また、ドッグラン付きのトレーラーホテルもあります。トレーラーハウス１棟にドッグランのスペースを１つ作ることができるので、ペットの犬と一緒に旅行ができるのは飼い主には魅力的でしょう。

　このトレーラーホテルは投資物件としての側面もあります。

　まずトレーラーを１室単位で購入し、ホテル運営会社に貸し出します。そして、その事業収益の一部を賃料として受け取る仕組みです。**トレーラーは建築物ではなく車両であるため、４年間での償却が可能で、固定資産税もかかりません。**節税メリットも大きいのです。

不動産よりも高い利回りを実現できる可能性があり、かつ不動産よりも小回りが利くという点で、比較的取り組みやすい投資と言えます。

■■■ トレーラーホテルビジネスによるメリット・デメリット

メリット	デメリット
・ホテル並みの快適性と建設コストの大幅な削減	・投資資本を回収できないリスク

簡単に飲食店を開業できる「ゴーストセントラルキッチン」

飲食店を自分で開業するのはハードルが高いですし、FC展開となればなおさら、そこまで事業を大きく育てるのは簡単ではありません。

ところが、そうした悩みを解決してくれるサービスが存在します。それが「**ゴーストセントラルキッチン（以下GCK）**」です。まずは概要をご説明します。

GCKは、1つのキッチンで複数の店舗が営業するデリバリー専門キッチン運営サービスです。投資家はどんなブランドにしたいかを決め、GCKに委託。GCKは1つのキッチンで複数のブランドの調理を行い、客の注文を受け付け、配達します。調理を担当するのは熟練のシェフです。

そして売上から代行費（スタンダードプランの場合7％）や原価などのコストを差し引いた金額が投資家に支払われます。集客や広告、求人、売上管理などもGCKが代行するため、自分では調理や

店舗運営をする必要がありません。メニュー開発までＧＣＫに任せるプランも用意されています。

　このサービスを活用すれば、店舗運営の経験がなくても参画しやすく、また遠方への出店も容易です。

　資金面も、通常の出店開業に比べて少なく済みます。**一般的な飲食店開業では平均１０００万円近くのイニシャルコストがかかりますが、ＧＣＫの場合は初期登録費用の２２０万円だけ。**ブランドが人気を獲得すれば１年以内に回収が完了することもあるようです。複数のブランドでキッチンを共用するため、ランニングコストも格安です（固定費や代行手数料はプランにより異なる）。

　さらに、ブランドが浸透してきたら、ＧＣＫを通じてＦＣ展開することも可能で、オーナーは加盟店から１０％のロイヤリティを受け取れます。すでに１００業態でＦＣ展開の実績があるといいます。

　外食デリバリー市場は、コロナ禍も追い風に急拡大しており、非常に有望なマーケット。リスクを低く抑えながら自分のブランドを持つことを可能にするＧＣＫは、時流に即した興味深いサービスの一つです。

ゴーストセントラルキッチンによるメリット・デメリット

メリット	デメリット
・店舗運営の経験がなくても参画しやすい ・集客や広告、求人、売上管理など運営会社がやってくれる	・投資資本を回収できないリスク ・ランニングコストがかかるため一定の稼働率が必要 ・品質維持の工夫が必要

4 相続対策をして資産を守る

　資産運用をこれから始める、またすでに行なっているという現状についてだけではなく、自分が亡くなった時に資産をどのように相続するかについても、真剣に考えておく必要があります。生きている間にコツコツと貯めて大事に守ってきた資産が、家族の争いの種になり、絆を分断してしまうような事態は避けなければなりません。

　50〜60代の相続経験者を対象にした調査（2020年）によると、相続した財産額の平均は3273万円、中央値は1600万円でした。この相続を "争続" に発展させないためにできることの一つが、節税です。
　節税ができれば、相続人の手元に残るお金がいくぶん増えることで争いが起きづらくなりますし、親が節税を試みたことが子に伝われば、子は自分たちのために手を尽くしてくれた親の思いを理解したうえで相続の協議に臨んでくれるはず。**実利と遺族感情の両面において、プラスの効果が期待できるわけです。**
　相続に伴って発生するのが相続税です。その節税の主な方法をいくつかご紹介します。

　1つ目は**「生前贈与」**です。文字通り、生前に財産を贈与することで相続税の課税対象となる財産を減らしておく方法です。ただ、むやみに贈与すればよいわけではありません。

　まず贈与にも贈与税がかかるため、どちらが得かをしっかりと計算して判断する必要があります。

　また、贈与の際は銀行振り込みにし、贈与契約書を交わすのがよいでしょう。手渡しで、書面もないとなると、贈与を証明することができず、税務署に否認されてしまう可能性があります。

　さらに、死亡前3年以内の贈与は相続財産に含まれて相続税が算出されることになるため、避けましょう。つまり、**重い病気が見つかってから慌てて生前贈与をしても、間に合わない可能性が高い**ということです。

生前贈与のポイント

●**証拠を残す**（銀行振り込みにする・「贈与契約書」を作る）
●**一定額を毎年贈与しない**
●**死亡前3年以内の贈与は避ける**

　2つ目は「賃貸アパート」。**これは更地を所有しており、かつ預貯金が十分にある場合に選択肢の一つとなります。**賃貸アパートは現金よりも評価額が低いことに目を着けた節税方法です。

　複雑な計算はここでは割愛しますが、一つの参考事例として評価額5000万円の土地に現金5000万円でアパートを建てると、相続評価額は建物部分で2900万円の圧縮、土地部分で900万円の圧縮となります。

　ただし、もちろん空室リスクや維持費・修繕費の発生などのマイナス面も考慮しなければなりません。その後のライフプランも含めて、総合的に検討するとよいでしょう。

●空室では賃料が得られない
●維持費や修繕費がかかる
●万が一売却するときに時間がかかる

　3つ目は「子に生命保険をかける」という方法です。子の生命保険料を支払っていた親が亡くなると、その生命保険は相続の対象となり、評価額は「解約返戻金の金額」となります。

　生命保険の中には、加入初期は解約返戻金が低く抑えられ、後からその金額が上がる商品があります。これを活用し、解約返戻金の金額が低いうちに相続させることで、相続税の節税につながります。

　極端な例でいうと、9年目までの解約返戻金が0円で、10年目の解約返戻金が120万円の生命保険があるとします（月額保険料1万円、年間保険料12万円）。保険料を払い続けてきた9年目に親が亡くなると、解約返戻金が0円なので、相続税も0円。生命保険を相続した子は、残りの1年間12万円の保険料を支払って10年目を迎え、解約返戻金120万円を受け取ることができる、というわけです。

▰▰▰ **1年目から10年目までの計画**

	年間保険料	累積保険料	解約返戻金
1年目	12万円	12万円	0万円
2年目	12万円	24万円	0万円
中略			
9年目	12万円	108万円	0万円
10年目	12万円	120万円	120万円

墓地・墓石などの生前購入も節税につながります。**お墓などの祭祀財産は相続税の非課税財産であるため、現金で持っておくよりも非課税の形にしておくことで節税対策になるのです。**ちなみに東京都の場合、墓地墓石等の平均購入価格は３３５万円となっています。

そのほかにも相続に関していろいろな節税の方法があります。自分に合ったもの、自分にできるものを見つけ出し、手を打っておくことが資産防衛につながります。

ひとまず健康に生活できている方なら、自分が死ぬことや相続の問題について正面から考えることは少ないでしょう。むしろ、避けていると言うべきかもしれません。しかし、死は唐突にやってくるものです。備えは早ければ早いに越したことがありません。

それでもすぐに行動に移さない人が大半だと思いますが、**相続について考え始めるべき年齢の目安としては「親が７０歳になるまでに」とも言われます。**自身が中高年に差し掛かる時期であり、親に関しては、死だけではなく認知症のリスクも高まる時期です。認知症になれば、各種契約などの意思決定はできなくなります。家族全員が正常な判断を下せる状態の時に、しっかりと話し合っておくのがよいでしょう。

一つだけ間違いなく言えることは、**死んでからでは遅い**ということ。自分のため、家族のために、生前から相続対策を講じておくことが何より大切です。

重要なことなので何度も言いますが、**相続に関しては、亡くなった後にできることよりも、生前にできる対策の方が圧倒的に多く、効果的な方法を選択できます。**

相続は生前の対策がとても重要なのです。心理的に抵抗があるか

もしれませんが、家族でよく話し合った上で生前対策できていれば、何かあった時に争いを避けることもできるでしょう。

　家族の皆が納得した上で不動産や預貯金を信頼できる家族に託し、管理や処分を任せる「家族信託」を是非行なってください。

　ただし、口頭でなんとなく話しただけ、というのでは意味がありません。きちんと話し合いをして、納得した上で書類を作らないと逆に揉める原因にもなってしまいます。ですので、しっかりと相談ができる相続専門のコンサルタントに相談するのがいいでしょう。

遺言書の種類による比較

種類	メリット	デメリット
自筆証書遺言	簡単に作成できる 費用がかからない	内容や形式上の不備によって無効になる可能性がある 紛失・偽造・隠匿されるおそれあり
公正証書遺言	簡公証役場で保管されるため紛失、偽造、隠匿のおそれなし 家庭裁判所の検認は不要	作成まで時間がかかる 公証役場への費用がかかる 証人に内容を知られてしまう
秘密証書遺言	内容は遺言者以外に知られない	公証役場への費用がかかる 内容を精査しないため遺言の要件に満たない場合がある

5 保険を見直して資産を守る

ライフアクシデント対策には適切な保険を選ぼう

　資産運用についてあまり考えたことのない方にとって、保険はあまりイメージ的に結びつかないかもしれません。ですが、保険を上手に活用することによって資産を守ることができます。

　保険について説明する前に、**資産の運用には、「攻め」と「守り」という2つの考え方を紹介しましょう。前者は資産を「増やす」運用であり、後者は資産を「減らさない」運用です。**いわば、アクセルとブレーキのようなものと考えてください。

　資産ポートフォリオの構成を考える上では、「攻め」のパートに多くの割合を当てたいところですが、「守り」のパートもある程度は確保しておく必要があります。中国古典の有名な「孫氏の兵法」でも、まず「負けない状況」を固めた上で、「勝算の高い戦のみ」をするように勧めています。マーケットで戦っている資産運用の世界においても、同様のことが言えるのではないかと考えています。

　なぜ「守り」が必要なのか身近な例で考えれば、**長い人生の中で**

は、予期せぬライフアクシデントが往々にして起こるからです。

　災害や事故、ケガや病気などで、就業不能な状態になったり、介護を必要とする身になったりする。また、勤めている会社の倒産や給与のカット、解雇などで、いきなり収入が途絶えるような状態に陥ってしまうことも起こり得るでしょう。

　とりわけ近年は、不確実性が一気に高まっていると言われています。不測の事態に見舞われるリスクを、より現実的なものとして認識しておく必要があります。

　これらは、もちろん自分だけに起こる問題ではなく、自分の生活に少なからず影響を与える家族や親族も含め、**ライフアクシデントに遭遇することを想定**しておかなければりません。

　そうした時に、「攻め」一辺倒のポートフォリオでは対処ができません。せっかく時間をかけて増やしてきた「大切な資産残高を取り崩さざるを得ない」状況になるのです。でも**「守り」を固めてさえおけば、ライフアクシデントに遭った時の「ダメージを最小限に食い止める」ことができ、増やしてきた「資産を守る」ことができます。**

　この「守り」の資産運用の代表的な手段の一つが、保険です。

　ご存知の通り、保険は何らかの事由による損失をカバーするものですが、実はそれ以外の役割もあります。資産を増やすことに貢献する、貯蓄性を兼ね備えた保険もあるのです。

　つまり**ライフアクシデントに合理的に備えながら、払い込み終了まで、結果として保障部分を使わなかった場合、払ってきたコスト以上の解約金が貯まっており、結果として「保険に払ってきたコストを回収できる」**という、そうしたものをポートフォリオに一部分上手に組み込むことが大切です。

　ファイナンシャルプランナー（ＦＰ）への相談が広く浸透している欧米では、ＦＰ顧問相談の機会が定期的に設けられています。3カ月に1回、あるいは半年に1回といったペースで、その時々の状況に応じて資産運用の方針やポートフォリオの見直しを行うわけです。1時間から1時間半ほどの話し合いのうち、「攻め」の運用の話題が8～9割を占めますが、残りの1～2割は必ず、「守り」をどうするかについても議論を交わします。それだけ、「守り」も不可欠であるという認識が定着しているのです。

　ライフアクシデントにはどのようなものがあるか、より具体的に考えてみましょう。

　まず1つ目は、**病気やケガ**。健康保険があるとはいえ全てをカバーしきれるわけではないため、「治療費」で資産を取り崩すことになります。

　2つ目は、それに関連して、**働けなくなること**です。病気やケガで仕事ができない間は、治療費が必要になるだけでなく、収入も途絶えます。つまり「生活費」の捻出のために資産を取り崩すことになります。カバーする保険は、就労保障、所得補償といった保険があります。

　3つ目は、**病気やケガ以外の理由で働き口がなくなる**ことです。勤め先が倒産した、新たな就職先が見つからないとなれば、たとえ健康であったとしても稼ぎようがありません。やはり「生活費」のために資産を取り崩さざるを得なくなります。

　これは保険での対応ではなく、資産ポートフォリオの組み方で、「緊急予備資金」に当たるものを、低リスク商品（貯蓄性のある保険等含む）で一定構成比、一定の金額で、確保しておく必要があるという警鐘です。

そして4つ目が、**死亡リスク**。主たる収入者が亡くなれば、遺族の生活が困窮することに直結しますから、生命保険が重要であることは言うまでもありません。

　それだけではなく、遺産相続を巡る争いが発生することも想定されるため、そのリスクを最小限に留めるための策も生前に用意しておくべきでしょう。相続の話は「資産家のみに起こる縁遠い話」ではなく、相続税が掛からない資産レベルの人でも、「分割の問題は多発」しているという事実を、しっかり認識しておくことが必要です。

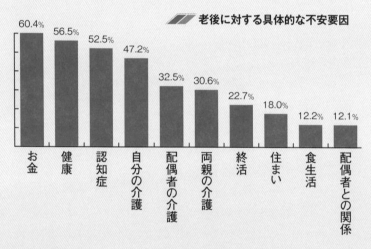

老後に対する具体的な不安要因

お金	健康	認知症	自分の介護	配偶者の介護	両親の介護	終活	住まい	食生活	配偶者との関係
60.4%	56.5%	52.5%	47.2%	32.5%	30.6%	22.7%	18.0%	12.2%	12.1%

メットライフ生命「『老後を変える』全国47都道府県大調査」より抜粋

　では、これらの起こり得るライフアクシデントに対して、どう「守り」のポートフォリオを組めばいいのか。自分だけで考えても、答えにたどり着くのはなかなか難しいと思います。

　適切な判断を下すためには高い専門性が求められる領域であるため、**まず専門家に相談する**のがよいでしょう。「攻め」と「守り」

の両面から考えることができ、なおかつユーザーからの評価・評判
が高い人に相談するのが最善です。

ある程度の資産がある人には「米国生命保険」もオススメ

　また、一般の方にはあまり馴染みがないかもしれませんが、資産
を守りながら増やすには**「米国生命保険」**という選択肢もあります。
　米国生命保険の構造は、日本の養老保険と似ています。養老保険
では、満期に受け取る保険金と、死亡した時に受け取る保険金が同
額に設定されており、将来的に必要になるお金を積み立てながら、
万が一の時の保障にもなります。要は、**貯蓄と死亡保険の二面性を
兼ね備えている**わけです。

　金利が高かった時代は、預貯金よりも利回りが良いことから養老
保険はメリットのある資産運用の一つでした。しかし、日本では低
金利が続いており、養老保険の利回りは預貯金に劣るばかりか、受
取金が払い込み額を下回るようにもなってきました。満期まで頑張
ってお金を払い続けた結果、いくらか減って手元に戻ってくるわけ
ですから、貯蓄性という面で養老保険を選択するメリットはもはや
ありません。

　米国生命保険は、貯蓄と死亡保険の二面性がある点では養老保険
と同じです。異なるのは、**貯蓄部分の運用パフォーマンスが良いこ
とがまず一点。**また、**死亡保険金が被保険者の健康状態や年齢に応
じて変わってくる**のも大きな特徴です。

5
保険を見直して資産を守る

例えば、**健康な４０代の男性は、支払った保険料に対して６倍弱、４０代の女性なら保険料の６倍強に相当する死亡保険金がもらえる**ように設計されています。若いほど倍率は高くなり、高齢になるほど倍率は低くなりますが、６０代前半でも約３倍。養老保険の場合は１倍前後（マイナスもあり得る）に過ぎないことを考えると、驚くべき数字です。

　それを可能にする仕組みを見ていきましょう。

　米国生命保険の場合、運用成績をどう返戻金に反映させるかは、Ｓ＆Ｐ５００（米国株式市場の動向をつかむ上で指標となる株価指数の一つ）の騰落を基準に、年ごとに判定されます。

　上昇時は１０％弱で足切り。つまり、仮にＳ＆Ｐ５００が３０％上がったとしても、その年の返戻金への反映は１０％弱が上限となります。一方で、下落時は０％。どんなに暴落しようと、それに伴って返戻金が減ることはないのです（運用にかかる経費の分だけマイナスになります）。

　要するに、**運用によるプラスだけが加算されていく**のです。積立投資の運用においては相場の下落が最大の敵となりますが、米国生命保険は、その敵がいない状態で戦えるという強みがあります。

　さらに興味深いのは、**返戻金を借り入れることができる**点です（元手が減る分だけ、その後の運用パフォーマンスは下がります）。この仕組みを利用すると、老人ホームの入居金や不動産の大規模修繕に当てるといった使い方のほか、次のような運用も可能になります。

　例えば、返戻金が１億円ある状態の時に、そこから３０００万円を借り入れる。その３０００万円を子どもに貸し、その子どもがまた米国生命保険に加入する。そして返戻金が大きく増えてきたとこ

ろで、そこから３０００万円を返してもらう。そうすることで、子どもに財産を残すことができますし、子どもから孫へ財産を残すこともできるようになります。

米国生命保険の良いところばかりを説明してきましたが、もちろんリスクもあります。先ほど触れたように、Ｓ＆Ｐ５００が下落した年の運用は０％と評価されます。実際には経費が発生するので、資産は目減りしていきます。ただ、資産が底をつくのは、Ｓ＆Ｐ５００の下落が４０年間連続したケース。現実的にはほぼ起こり得ないと考えてよいレベルです。

保険会社の倒産というリスクもありますが、米国では連邦と州によって返戻金・保険金が保護されることになっているため安心です。

運用の判定基準にはＳ＆Ｐ５００が用いられていますが、実際の運用状況の内訳を見ると、社債や住宅ローンといった安全資産が大部分を占めており、このことからも保険会社の倒産リスクは小さいと考えることができます。

また、米国生命保険加入の際にはフィー（保険料の約１２％）が発生することも付記しておきます（LLC設立の費用なども含む）。

それらのリスクを踏まえても、米国生命保険が非常に優れた金融商品であり、賢明な選択肢の一つであることは間違いないと思います。そんなに良いものなら誰しもが加入したいと考えるところですが、日本人がこの保険に入るには２つの障壁があります。

１つは、**富裕層向け**であるということ。日本円にして３０００万円ほどを用意しないと加入することができません（分割払いは可能）。

グローバル・シチズン・プログラムとは
一定以上の資産規模や米国との経済的な結びつきが必要

項目	内容
総資産	5億円以上
収入	2500万円以上
死亡保険金額	最低100万ドル
その他	総資産の20%が米国に投資済み 既に約1億円相当以上を米国内に投資済み 現金は不可

2019年11月現在

引用「JK WILTON & COMPANY」 http://www.jkwilton.com/useful/useful04.html

　もう1つは、**日本の保険業法による制約**です。同法では「日本に居住する個人・法人は外国保険の契約に関与してはならない」と定められています。ただ、日本人が米国生命保険に加入することは不可能ではありません。

　興味のある方は、専用窓口を作りましたので、下記のQRコードからお問合せください。

●米国保険の問い合わせはこちらから

▼

7章

迷ったときはココ!
商品別お薦めの相談窓口

坂本が薦める
新しい保険の選び方
「FPマッチング・サービス」

資産運用と同じく、保険も専門家に相談しよう

　ライフアクシデント対策として**「守り」の資産運用も重要であり、その役割を担うのが保険（生命保険）**であることを、前章で解説しました。

　ただ、生命保険は一般の人たちにとってはかなり理解が難しいものだと思います。すでに加入しているという人でさえ、今のプランが自分に合っているのか、見直すにしてもどう見直せばいいのか、そもそも必要なのか、という疑問を持っていることでしょう。加入していない人にとってはなおさら、生命保険の必要性や自分に合ったプランなど、うまく答えを導き出せない人が大半ではないでしょうか。

　生命保険には多種多様な商品があり、それぞれの内容も非常に複雑かつ専門的です。そのうえ、情報（商品や制度、法律など）は、日々変化しています。そうした最新の知見を得ながら、自分に最も適したものはどれかを自力で見定めることは極めて難しいでしょう。

　ここは迷わず、**その道に詳しい人の助けを借りるべきです。**

　親や知人などに相談を持ちかける人がいますが、お勧めはできません。考えてみれば当然ですが、相談を受ける側の「専門知識が不十分」であることがほとんどだからです。また、最近では動画などでの情報収集も浸透していますが、発信者のポジショントークや、アクセス数を稼ぐための極端な物言いも多々見受けられ、バランスを欠く内容になっているのが実情です。

　相談するなら、その道のプロフェッショナル、つまり職業人として業界にリアルタイムで携わっている人、少なくとも過去その経験がある人を選ぶようにしましょう。

　相談するなら、保険会社に直接相談をしに行けばいいと考える人もいるかもしれませんが、保険会社というと営業の押しが強いイメージもあり、「軽く相談するだけのつもりだったのに、その流れで保険を売りつけられてしまうのではないか」「面倒な電話がかかってくるようになるのではないか」という心配がつきまといます。

　メーカー（保険会社）としては自社の保険を売りたいのは当然ですから、純粋に相談に乗るというより、営業のチャンスといった捉え方になってしまうのも致し方ないところです。

　次に候補に挙がるのは、保険代理店でしょうか。

　代理店は、何十社もの保険商品の紹介や契約・解約、保険金請求のサポートなどを行ってくれる大変便利な存在です。

　ただそうは言っても、あくまで「売り手側」であるという点に注意が必要です。

　通常、それぞれの保険商品には膨大な量の約款（商品によりますが、100ページを超えるボリューム）が付属します。保険契約の際、重要な項目に関しては説明があるものの、それは約款全体のほんの一部となります。細かい内容まで全て説明されるわけではありませ

ん。

そうなると、例えば次のようなケースにおいて被保険者が不利益を被ることが起こり得ます。

３０歳の人が１０年間で期限を迎える生命保険に入ったとします。その人が３８歳の時に病気にかかり、「余命３年です」と宣告されたら？

宣告通り３年後に亡くなると、保険の対象となる期間を過ぎているので保険金はもらえず、支払った保険料は単にかけ捨てることになってしまいます。かといって、２年以内に死ぬことを望むのも悲しい。代理店に尋ねても、保険の取り扱いに精通した担当でなければ「どうしようもない」と言われてしまうでしょう。もう途方に暮れるしかありません。

でも実は、保険商品によっては、そうした場合に保険の種別を、保険期間が長いものに変更する（コンバージョン）ことができる場合があるのです。その保険商品の取り扱いについて隅々まで知っている人が相談相手であれば、そういう方法があることをアドバイスしてもらえます。

要は、相談相手によって、**「加入後の保険の価値・パフォーマンスが、大きく変わり得る」**ということです。特にイレギュラーな状況が生じた場合にその差が大きくなります。

保険を精密機械にたとえるなら、その機械を実際に操作したことがないディーラーではなく、全機能に精通したエンジニア、またはその経験者に相談に乗ってもらうのが一番なのです。

そうした観点から考えると、**生命保険の取り扱いに長けた生保系ＦＰは最適な相談相手と言えます。**生保系ＦＰは個人のライフプラン作りをメインテーマとしており、学習量・経験量ともに圧倒的に

有していますから、個々人のライフプランに合った生命保険の提案が可能です。どのＦＰがよいかという選定の際には、過去に相談した人からの評価が高いかどうかを材料として検討するのがよいでしょう。

▶ 本書の読者限定で「読者優待・FP相談サービス」をご用意

　では、どのようにして高評価のＦＰを見つければよいのか。

　私がお勧めしたいのは、**保険マンモスです**。保険マンモスは、保険に関する相談を無料で受け付け、相談者に最適なＦＰとのマッチングを行うサービスを展開している企業です。

　このマッチングサービスがご紹介するＦＰの特筆すべきところは、**「質」と「量」の両面で優れている点**です。

　まず「量」については、全国に４５００名ものＦＰが登録していること。ユーザにとっては、それだけ自分に合ったＦＰとマッチングできる可能性が高いことになります。

　また「質」については、ユーザーへのアンケート調査を導入することで担保されています。ＦＰは全２５項目にわたって採点され、その結果に基づき０～５までの評価を得ます。さらにＦＰを「他の人へ紹介したい度合い」を０～１０の１１段階で評価するＮＰＳ（ネット・プロモーター・スコア）も同時に取得しており、各ＦＰが「サービスの質を向上させる努力」を重ねられる仕組みになっているのです。

　かつ、保険マンモスでは**「イエローカード制」**も導入されており、

1 坂本が薦める新しい保険の選び方「ＦＰマッチング・サービス」

ユーザーが「このFPは自分に合わないな」と感じた場合は変更できるようになっています（FPの質が総じて高いため、イエローカードが出る確率は1％にも満たないそうです）。ユーザーが持つ、お金や保険の相談をすると、強く売り込まれるんではないかと心配する不安から解放して差し上げたいのです。イエローカードがあるので、ほぼリスクゼロでFPを試してみることができます。

　無料相談をしてFPとの面談が決まると、面談前に実際の面談がどのように進められるかを詳しく解説する小冊子が自宅に届きます。さらに、FPの紹介サイトも設けられており、ユーザーは自分を担当するFPの顔写真を見たり、どのように仕事に向き合っているかを事前に知ることができるようになっています。

　FPとの面談は初めてという方が多いと思いますが、その不安な気持ちを払拭するためのキメ細かいサービスが用意されているのも、保険マンモスの特長の一つです。

　こうした良質なサービスに魅力を感じたこともあって、私は保険マンモスと提携させていただくことにしました。それにより、本書の読者であることをお伝えいただければ、保険マンモスから、平均のNPS評価が「7」以上のFPをご提示する特典を付けさせていただきます。これは、ユーザーが「知り合いに紹介したい」と言えるほどの評価レベルであり、かなりの上位層となります。
　本来は、NPS評価「7」以上のFPを指定した場合は有料相談（5000円）となるのですが、特別に無料となりますので、ぜひご利用ください。

　生命保険はトータルで考えると、かなりの高額商品と言えます。

その購入（契約）にあたっては、第三者的なポジションにあるマッチングサービスを介することのメリットが大きくなります。ユーザーは強引な売り込みに巻き込まれることはありませんし、担当FPとの相性が良くない、あるいは提案内容が、自分が望むものと違うと感じれば、契約をしなければよいだけです。それはFPの評価にフィードバックされ、サービスの質の向上へとつながっていきます。

　少なくともユーザー側が損をすることはないサービスになっているので、自分にどんな生命保険が適しているのかを知りたいという方は、気軽に無料相談に申し込んでみてはいかがでしょうか。

 保険マンモス

「保険マンモス」 https://hoken-mammoth.com/

> ●**本書限定！**
> **「読者優待・FP相談サービス」**
> **のお申し込みはこちらから**
>
> ●電話でお問合せの方
> 「読者優待・FP相談サービス」問い合わせ受付
> Tel　0120-030-730

1

坂本が薦める新しい保険の選び方「FPマッチング・サービス」

相談者それぞれの状況に合わせてアドバイス

ここまで資産運用について様々な商品や対策を紹介してきました。もちろんこれがすべてではなく、あくまでも一例であり、他にも多くの商品などがあります。

そもそも資産運用とは、これが正解というものがあるわけではありません。その人の年齢や仕事、家族構成や置かれている状況など、背景やバックボーンなどによっていろいろな選択肢があります。その人が年齢を重ねていき、家族構成が変わったことで考え直す必要も出てくるでしょう。

金融商品を含めた多くの商品や対策から、自分に合ったものを選んで適切なポートフォリオを組むことができれば、それが一番の理想です。ただし、専門的な知識がない人が、適当にプランニングしてうまくいくかというと、そうはいかないと思います。

やはりそこは**専門家に相談するのが一番**です。とはいっても、専門家は株式投資や保険など、それぞれの得意分野には詳しいですが、多くの分野に精通している専門家はなかなかいませんし、もしいたとしても個人で相談できるかというと難しいかと思います。

そこで紹介したいのが**資産運用コンシェルジュ**です。

相談者1人1人が直接相談できる環境を用意しているので、まずはあなたの現状を詳しくお聞きします。状況を把握した上で、現状や希望に合った、最適なポートフォリオ提案ができるようにしています。

資産運用に関しては、一回ポートフォリオを組んだとしても、法改正があったり、投資した商品の利回りの条件が変わったりと、専門家でないと最新の情報を追うことが難しいと思っています。だからこそ、信用のできるコンサルタントに相談するのがベストだと思います。

資産運用コンシェルジュですが、最近ではオンラインでの相談も多くなってきており、都会から遠方にお住まいの方でも気軽に相談できるように体制を整えています。あなたの大切なお金を貯める、増やす、守るために是非相談してみてください。

資産運用コンシェルジュ

「資産運用コンシェルジュ」　http://www.shisan-concierge.org

2　資産や状況に合わせて適切なアドバイスを貰える　資産運用コンシェルジュ

おわりに

　私は普段、個人投資家としての活動のほか、投資を教えたり、各種セミナーやラジオなど、投資にまつわる情報を発信する機会があります。その中で「資産運用について知識がない人が多い」ということを日々感じています。

　例えば、

・退職金を価格変動リスクの高い商品につぎ込んで大きく減らしてしまう
・銀行やFPに言われるがままメリットの少ない金融商品を買ってしまう

　といった話を頻繁に耳にするので、「適切なポートフォリオを組んで、より安全にリスクを少なくして資産運用をすること」を一人でも多くの人に知っていただきたいと考え、本書の企画がスタートしました。

　資産運用というのは、資産の積み上げと適切なリスク管理によって自分の人生に「安定」をもたらすための手段です。

　本書では再三「年利２％で老後資金２０００万円を目標に積み上げ」を目標として設定してきました。よくある「１００万円を１年で１億円に！」のようなキャッチコピーと比較すると地味な印象を受けるかもしれませんが、これは資産運用における方法論のなかでまさに「王道」と呼べるものです。

　派手で魅力的なキャッチコピーは耳障りが良いかもしれません

が、こうした資産運用のやり方に手を出して１０年後に生き残っている投資家を見たことがありません。

　結局、王道な運用手法を継続し、資産と知識の積み上げを行うことが、遠回りなようで、もっとも確実にあなたの資産を増やす方法だということを今一度覚えておいてください。

　また、現在私は「市場から退場せずに長期的に資産構築方法」を学ぶ方のためのコミュニティを運営しています。

　株式投資だけではなく、幅広い投資について見識を深め、勝ち組投資家になってもらうために必要なことをみなさんに学んでもらっています。当然、最重要事項であるポートフォリオ構築についても、深くお話しさせていただいています。

　この投資学習コミュニティ「勝ち組投資家育成クラブ」は有料のサービスなのですが、価格をはるかに超えるものが受け取れると評判ですので、興味があればぜひ覗いてみてください。あなたが、私たちの仲間になってくれるのを楽しみにお待ちしています。

　また、サービスを利用するかどうかに関係なく、せっかく本書がきっかけで縁ができたあなたの資産運用での成功を、心からお祈りしています。

坂本慎太郎

坂本慎太郎（さかもと しんたろう）

投資家・教育者。証券会社のディーラーを5年間務めた後、大手生命保険会社で株式と債券のファンドマネージャーを7年経験。株式の短期売買、長期投資など幅広い投資手法を習得。確かな経験と豊富な知識に裏付けされた、誰もが納得できる投資理論には定評があり、テレビ・ラジオ・雑誌などのメディアから引っ張りだこ。まさに、プロの証券会社が認める実力重視の株式評論家。現在は個人投資家として活動しながら、貧乏サラリーマンや節約主婦の人生を少しでも豊かにすべく、強い想いを持って様々な情報発信を行っている。「Bコミ」のハンドルネームでも活躍中。

はじめての資産運用

2023年2月1日　初版第1刷発行
2023年3月1日　第2刷発行

著者／坂本慎太郎

DTP&本文デザイン／佐藤修 ほか

カバー&オビデザイン／一般社団法人資産運用コンシェルジュ ほか

印刷所／株式会社クリード

監修／一般社団法人マネーアカデミー
　　　〒150-0043 東京都渋谷区道玄坂1-12-1 渋谷マークシティW22階

　　　一般社団法人資産運用コンシェルジュ
　　　〒150-0046 東京都渋谷区松濤1-28-2

発行・発売／株式会社ビーパブリッシング
　　　　　　〒154-0005 東京都世田谷区三宿2-17-12　tel 080-8120-3434

©Shintaro Sakamoto 2023　Printed in Japan
ISBN 978-4-910837-06-2　C0033

ご利用にあたって